MÉMOIRES
ET CORRESPONDANCE INEDITS
DU GÉNÉRAL
DUMOURIEZ.

PUBLIÉS SUR LES MANUSCRITS AUTOGRAPHES DÉPOSÉS CHEZ L'ÉDITEUR,

ET PRÉCÉDÉS D'UN FAC-SIMILE.

TOME PREMIER.

PARIS,

EUGÈNE RENDUEL,

RUE DES GRANDS-AUGUSTINS, N° 22.

Décembre 1834.

MÉMOIRES

ET CORRESPONDANCE INÉDITS

DU GÉNÉRAL

DUMOURIEZ.

PARIS, IMPRIMERIE DE COSSON.

PRÉFACE.

Il y a onze ans que les manuscrits livrés aujourd'hui à la publicité ont été envoyés à Paris, pour faire suite aux Mémoires du général Dumouriez que réimprimaient les frères Baudouin. Des considérations publiques et privées ne permirent pas de réaliser ce projet. J'étais loin de la France, et ne pouvant discuter à Paris et faire prévaloir ma conviction sur l'utilité de ces écrits, je dus me soumettre et attendre des temps meilleurs.

Sous le ministère de M. de Martignac, je crus les circonstances plus favorables, et je m'arrangeai pour l'impression; mais de nouveaux obstacles, de divers genres, contrarièrent encore mes intentions et retardèrent l'accomplissement d'un devoir.

Si je le remplis aujourd'hui, ce n'est pas que les temps meilleurs soient arrivés : bien loin de là ! Tout ce qui se passe depuis quatre ans n'a fait qu'ajouter aux malheurs si long-temps supportés par le pays, et prépare rapidement le retour de ces grandes crises sociales, dans lesquelles tous les instants de la vie de l'homme sont saisis et absorbés par des devoirs du moment, sans cesse renaissans, qui ne permettent pas de regarder en arrière, et qui, pour la plupart de ceux qui sont engagés, ne permettent guère de voir ou même d'espérer au-delà du présent. Voilà ce qui me décide à publier. *Il faut faire aujourd'hui comme si nous n'avions pas de demain.*

Ces derniers travaux du général Dumouriez, tous consacrés à la liberté des hommes et à l'indépendance des nations, sont la réfutation la plus péremptoire des accusations renouvelées contre lui, et la protestation la plus éloquente contre la proscription qui pèse encore sur ses restes. Si les passions contemporaines, implacables par elles-mêmes, et irritées encore par l'apostasie et les méfaits dont nous sommes témoins et victimes, ne nous permettent pas de croire que ces écrits seront jugés aujourd'hui avec la raison et l'impartialité que nous invoquons, nous aurons du moins la consolation d'avoir préparé, pour une génération plus heureuse et plus calme, les élémens d'une conviction et d'un jugement plus consciencieux.

Ce qui rend aujourd'hui plus difficile, je dirai presque impossible une juste appréciation de Dumouriez, c'est moins encore ce qu'il a fait que ce qu'on suppose qu'il voulait faire, et ce qu'ont fait et font encore des hommes avec qui il était lié. Son plus grand crime, en ce moment, c'est, dit-on, d'avoir voulu, en 93, rétablir le trône en faveur du général Égalité.

Ceci n'est qu'une supposition, et la supposition est mensongère. Je l'ai déclaré en 1826, lorsqu'on était assez disposé à en faire un mérite au vieux général, je dois donc être cru, en répétant aujourd'hui cette déclaration.

Dumouriez voulait rétablir la constitution de 91, et tirer du Temple, pour le mettre entre les mains d'une régence, le fils de Louis XVI. C'était le moyen de paralyser à l'étranger l'influence des princes émigrés, d'avoir un gouvernement national, et de préparer, pour l'avenir, par l'éducation du prince enfant, le maintien et le développement des institutions, *sans avoir à lutter contre les intérêts ou les caprices d'un roi majeur.*

Dumouriez n'avait jamais eu de rapports avec le duc d'Orléans (Egalité père). Il le méprisait trop, pour penser seulement à lui laisser une place dans le conseil de régence : à plus forte raison n'a-t-il jamais pensé à en faire un roi.

Rétablir la royauté en faveur d'Egalité fils, qui ne cachait pas son affection pour son père, et qui, en supposant qu'il eût accepté, n'eût agi que par les inspirations paternelles, c'eût été remettre toute l'autorité entre les mains du dernier. C'est ce que la prévoyance de Dumouriez ne lui permettait pas de faire.

D'ailleurs Dumouriez n'avait connu le fils que lorsqu'il arriva dans l'Argonne, avec le corps d'armée de Kellermann, que la Convention mettait sous les ordres du premier. La canonnade de Valmy, le fait le plus éclatant, quoique le moins important de cette campagne, et qui n'était que le résultat des habiles manœuvres du général en chef, n'avait fourni à aucun de ses subordonnés l'occasion de développer de grands talens, ou cette intrépidité qui depuis signala presque tous nos combats. Le général Egalité ne fit là ni plus ni moins que les autres officiers supérieurs. Rien donc ne le recommandait particulièrement à l'attention de Dumouriez.

Mais le jeune homme, qui servait depuis l'ouverture de la campagne, eut bientôt remarqué la supériorité de Dumouriez sur tous les généraux en chef qu'il avait vus apparaître aux armées, et il manifesta l'intention de rester sous ses ordres, quand la retraite des Prussiens permit à Dumouriez de courir à la défense de la frontière de Flandre. Il l'obtint du ministre de la guerre, et fut mis à la tête d'une division.

A l'affaire de Jemmappes, Dumouriez lui confia le commandement du centre de bataille, et le général Egalité répondit dignement à l'attente de son chef; il décida en grande partie le succès du combat, et dès lors commença de la part de Dumouriez, cette amitié et cette confiance qu'il a conservées jusqu'à sa mort,

J'ajouterai que, pendant toute cette campagne et celle qui suivit, le jeune général acquit chaque jour de nouveaux titres à l'affection de son chef. C'est à lui encore que fut confié le centre de l'armée à la bataille de Nerwinde, et malgré la lâcheté ou la trahison de Miranda, la blessure de Valence et le revers de l'aile qu'il commandait, le général Egalité et son corps d'armée couchèrent sur le champ de bataille.

Dumouriez pouvait donc estimer le courage et les qualités militaires du fils du duc d'Orléans : mais conclure de là qu'il le jugeait digne d'une couronne et qu'il voulait la lui donner, lors de son mouvement, en avril 93, c'est se mettre en opposition avec la logique, avec les faits, avec tous les discours, tous les écrits et tous les actes subséquens de Dumouriez. Il connaissait trop bien l'histoire, et jugeait trop bien les hommes.

> Tel brille au second rang qui s'éclipse au premier
> Il devint lâche roi, d'intrépide guerrier.

dit Voltaire de Henri de Valois. Dumouriez, qui avait lu et médité cela et bien d'autres choses, savait fort bien que l'intrépidité n'est pas une qualité durable ou suffisante.

C'est plus tard, lorsque la marche suivie par la restauration menaça toutes les libertés publiques et replaça la France sur la pente des révolutions, que Dumouriez commença à penser que le duc d'Orléans élevé au trône offrirait plus de garantie à la dignité et aux droits nationaux. Il manifesta souvent cette pensée : mais ce ne fut qu'en 1823, au moment où se préparait l'invasion de l'Espagne, que l'indignation du vieillard l'entraîna à agir dans ce but. Ses lettres à M. Canning, son ami, ministre des affaires étrangères, lui montrèrent un changement de dynastie, en France, comme le seul moyen de sauver l'Europe du despotisme, et de concilier les intérêts et les libertés des peuples avec la paix du monde. *M. d'Orléans ne l'ignora pas*; il n'ignora pas non plus que M. Canning était du même avis. Une seule lettre du général, la dernière, ne fut pas envoyée. Elle démontrait la nécessité d'une alliance entre l'Angleterre et l'Espagne contre la France. Cette lettre fut brûlée le soir même du jour où elle avait été écrite.

Voilà l'explication simple et franche des intentions du général Dumouriez, mais après l'avoir donnée, je ne puis que m'étonner des contradictions qui surgissent de toutes parts entre les faits et les opinions.

Il y a quatre ans que M. d'Orléans est monté sur le trône aux acclamations de tout le pays, et le plus grand grief contre Dumouriez aujourd'hui, c'est d'avoir aimé M. d'Orléans et d'avoir voulu le voir roi!

Il est reconnu maintenant que l'insurrection contre un mauvais gouvernement est un devoir et qu'elle confère des droits. *On use et même on abuse beaucoup de ces droits;* et Dumouriez est encore déclaré traître, parce qu'il a tenté de renverser un mauvais gouvernement qu'on a renversé depuis, ainsi que les sept ou huit mauvais gouvernemens qui lui ont succédé !

Dumouriez, dans sa tentative pour renverser la Montagne, était pressé par des conventionnels et avait les conseils et l'assistance de généraux de son armée qui, après avoir partagé ses efforts, partagèrent sa mauvaise fortune. Aujourd'hui c'est un de ces généraux, le plus aimé de tous, qui règne en France, et la sentence pèse encore sur les cendres du proscrit !

Il y a plus. L'imputation de trahison est la seule chose qu'on lui laisse. Les victoires qui sont dues à son génie et à son courage, on lui en ravit l'honneur ! Son nom n'est pas cité dans leur commémoration. *On s'en attribue toute la gloire*, et la France, sauvée de deux invasions, n'a pas même une pierre pour son libérateur. La Convention mettait sa tête à prix, on fait plus aujourd'hui, on proscrit sa mémoire !

Mais pourquoi m'en étonner? la cause n'en est-elle pas évidente ? C'est que cette mémoire viendrait, comme un remords, assaillir les auteurs de ce système turpide d'ordre et de paix, qui, depuis quatre ans, a recourbé le pays sous le joug de l'étranger et a fait couler, dans des luttes intestines, plus de sang français qu'il n'en eût fallu verser pour reconquérir nos limites naturelles et notre prééminence en Europe. C'est que Dumouriez, chef du ministère, au printemps de 92, sachant que, pour les peuples et les gouvernemens, le principe de l'existence est l'honneur, répondit à l'insolence des despotes par une déclaration de guerre, par un appel au courage des Français et par des victoires. C'est que Dumouriez avait, jeune encore, attaché son nom à la défense de la Pologne, avait versé son sang pour la conservation de cette belle nation, et qu'il eût été le premier à appeler à son secours et à flétrir la couardise qui l'a livrée au glaive et au knout des Russes. C'est que

Dumouriez a toujours voulu la liberté des peuples et l'indépendance des nations; qu'il invoquait leur réveil, applaudissait à la régénération de l'Amérique, de l'Espagne, du Portugal, de l'Italie et de la Grèce, leur prodiguait les trésors de son expérience, et qu'il eût mis au ban de l'humanité les misérables qui n'ont su qu'affermir partout la tyrannie et se faire les auxiliaires de ses persécutions contre tous les grands citoyens du monde. C'est que Dumouriez, s'il eût vécu en 1830, eût jeté le cri de la sentinelle vigilante, en voyant arriver au pouvoir, avec le le roi nouveau, tous ces hommes qu'il signalait au duc d'Orléans, dans les écrits qu'on va lire, comme les artisans des malheurs de la France et de la ruine inévitable de la dynastie.

Donc ce n'est plus assez de la condamnation prononcée par la Montagne! Ce n'est plus assez de la perpétuité de l'exil pesant sur un tombeau! Il faut y ajouter la proscription de la mémoire de Dumouriez.

Il y a analogie, il y a concert entre les proscripteurs nouveaux et les anciens. Je dis plus;

il y a progrès. N'a-t-on pas entendu, il y a quatre ans, le ministre d'un roi né d'une insurrection populaire et qui n'invoquait d'autre titre que l'assentiment populaire, déclarer à une assemblée législative, sans que l'assemblée et le prince le chassassent à l'instant même de leur présence, qu'un gouvernement devait être impopulaire? Et on est entré à pleines voiles dans l'impopularité! On en eut bientôt atteint les limites; il semblait qu'on ne pût aller au-delà ; mais rien n'est au dessus des forces de cet homme. Il a déclaré naguère, à la même assemblée, qu'il fallait être impitoyable, et on a été impitoyable, et les habitations ont croulé sous les boulets, et des vieillards, des femmes, des jeunes filles, des enfans ont été massacrés. A Paris, comme à Lyon, il y a quarante ans, Marat et Collot d'Herbois n'ont ni mieux dit ni mieux fait.

Marat et Collot d'Herbois étaient les hommes que Dumouriez avait voulu abattre; il est juste que leurs émules, que leurs continuateurs les vengent et se vengent eux-mêmes de celui qui les signalait autrefois au prince qu'il honorait de son amitié, comme ne pouvant que torturer la France et perdre la monarchie. Ces prédictions réalisées une fois le seront encore. Déjà il est facile d'entrevoir le dénouement inévitable. Depuis quatre ans ces hommes sont au pouvoir, et depuis quatre ans la paix et la liberté fuient, de toutes les parties de la France, aux détonations presque incessantes des armes, à la lueur des incendies et à la vapeur du sang versé dans des combats fratricides.

Est-ce donc là ce qu'attendait, ce que voulait Dumouriez de la royauté du duc d'Orléans, pour qu'aujourd'hui on l'en rende solidaire, pour qu'on motive sur d'anciennes affections, qu'il abjurerait hautement s'il vivait encore, la perpétuité de l'inique sentence prononcée contre lui?

Hommes de conscience et de liberté, amis du pays et de l'humanité, à quelque parti que vous apparteniez, lisez ces écrits : écoutez cette voix qui sort pour ainsi dire du tombeau, et prononcez.

Vous y trouverez toutes les convictions politiques de Dumouriez. C'est la république telle qu'il la concevait possible, telle que la conçoivent une foule de bons esprits et d'excellens citoyens, avec un roi qui n'en est que le président héréditaire, sans aucun vouloir, sans aucun pouvoir personnels. Sans cette royauté, la république est sans garantie contre les ambitions et contre les factions; et sans la république, c'est-à-dire sans le gouvernement et l'administration du pays par le peuple et pour e puple, la royauté est condamnée à se débattre en vain et à périr.

Si l'expérience du passé ne suffit pas pour propager, pour généraliser cette conviction, l'avenir, et un avenir bien prochain, ajoutera une nouvelle leçon à celles de tant de siècles. Malheureusement les dynasties ne doivent pas seules en subir les rigueurs; les peuples en supportent toujours une grande part.

Dumouriez y pensait sans cesse, en écrivant les derniers ouvrages que je livre au public, et tout son désir, pour échapper aux convulsions, était de persuader les souverains que leurs intérêts bien entendus exigeaient leur alliance avec les peuples. C'est à ce désir qu'il faut attribuer le langage modéré et bienveillant qu'il emploie. On ne pourrait le lui reprocher qu'en oubliant que c'était une nécessité de l'époque et de sa position. Je n'ai pas besoin de l'en justifier.

Mais je crois devoir retracer ici le tableau de sa situation et des événemens en avril 93, en réponse aux accusations renouvelées si souvent. Ce n'est pas un travail nouveau; c'est un extrait de l'ouvrage que je publiai, en 1826, sous le titre de Dumouriez et la révolution française. Je ne changerai pas un mot au texte. Tel j'étais alors, tel je suis aujourd'hui, et ce n'est pas ma faute si, en lisant une justification, on trouve *d'autres accusations et d'autres coupables.*

« Le dernier acte de la vie publique du général Dumouriez n'avait été médité que dans l'intérêt de son pays; il est donc très-naturel que les partis lui en aient fait un crime, et l'en aient puni tour à tour. Pendant trente ans il a expié sa conduite et ses cendres l'expient encore. Voyons si cette peine était méritée, et pour faciliter cet examen, retraçons rapidement ces faits.

Dumouriez avait été forcé à se replier sur les frontières de la France, devant des forces supérieures, et d'abandonner un pays révolté de la tyrannie et des exactions des commissaires de la Convention et des administrateurs nommés par elle. Son armée était cependant encore assez nombreuse pour défendre le sol français et ôter à l'étranger tout espoir d'envahissement. Les dangers les plus grands ne venaient que de la désorganisation de l'administration militaire, de la défiance et du désordre qui régnaient dans plusieurs corps d'armée. La continuation de cet état de choses aurait infailliblement assuré les succès futurs de l'ennemi, et peut-être amené le démembrement de la France.

Cette désorganisation, ce désordre, ces dangers, étaient l'ouvrage du parti dominant à la Convention et de la commune de Paris. Dumouriez, après avoir vainement tenté de les faire cesser, voit enfin qu'il n'y peut réussir qu'en attaquant ouvertement les causes, et profitant des moyens militaires qui lui restent et de la réputation qu'il a acquise, il impose la neutralité à l'ennemi extérieur, tandis qu'il marche vers la capitale pour y anéantir l'ennemi intérieur : non-seulement il oblige le chef de l'armée qu'il avait combattue à cesser toute hostilité, mais encore il obtient que, si ses forces sont insuffisantes pour renverser la Convention et rétablir la monarchie constitutionnelle, le prince de Cobourg mettra à sa disposition et sous son commandement les troupes qui seront requises.

La Convention, instruite des intentions de Dumouriez, par ses émissaires, par des officiers de l'armée, et par une dénonciation formelle de Miranda, et voulant prévenir le coup dont elle était menacée, décrète que le général en chef sera mandé à sa barre, envoie des commissaires pour lui signifier ce décret au milieu de son armée, et pour le sommer d'y obéir; tandis que de nombreux agens, disséminés dans les différens corps, s'efforcent de révolter les soldats contre leur chef.

Le général reçoit les commissaires, les entend, voit le décret et refuse d'y obéir. Les commissaires prononcent sa destitution et veulent mettre le scellé sur ses papiers, et à l'instant Dumouriez ordonne leur arrestation et se dispose à marcher sur Paris.

L'arrestation des commissaires n'était pas une vengeance. Dumouriez, craignant que la nouvelle de sa marche n'entraînât les Jacobins à de nouveaux excès, et ne fût le signal du massacre des prisonniers du Temple, voulut que les commissaires fussent comme des ôtages entre ses mains, et répondissent de la vie des augustes prisonniers*. La livraison des commissaires au général Clairfait était la conséquence obligée de ce dessein; car Dumouriez ne pouvait les remettre entre des mains plus intéressées à les conserver.

L'exécution du reste de ce projet ne dépendait

---

* La femme, les sœurs et une nièce de Dumouriez, la comtesse de Schomberg, étaient aussi à la merci de la Montagne.

plus de Dumouriez seul; il avait besoin du concours volontaire des généraux et de ses soldats, il chercha à l'obtenir par la persuasion. Une partie des troupes et des chefs étaient disposées à servir ses desseins; mais d'autres, et particulièrement les commandans des places, refusèrent d'abord d'y prendre part et ensuite s'y opposèrent.

Dumouriez espérait que les troupes sur lesquelles il pouvait compter, réunies à celles que le prince de Cobourg s'était engagé à mettre à sa disposition seraient suffisantes pour l'exécution de son projet; mais une cruelle fatalité déjoua tous ses plans. Des régimens se révoltèrent, tirèrent sur lui; enfin il fut obligé de quitter son armée, et de chercher dans l'exil un asile contre la proscription.

Cet exposé rapide des faits justifie-t-il les accusations de trahison que l'ultra-révolution lança contre lui? Voilà la question à examiner.

Tous les gouvernans, quels qu'ils soient, regardent leurs vues et leurs intérêts comme les intérêts de l'état, et regardent comme une révolte envers la patrie l'opposition qu'ils éprouvent.

L'anarchie, comme le despotisme, comme l'aristocratie, dit : l'état, c'est moi. Dire, non, c'est être factieux; vouloir le prouver, c'est être rebelle; ne pas réussir c'est être traître, et les têtes tombent aux cris de vive la république, ou aux cris de vive le roi...

Ce n'est point d'après un pareil principe qu'il faut juger les actions des hommes. Rendons aux mots leur propre signification; les choses auront bientôt leur propre valeur. Il est vrai qu'en suivant cette marche, on ne peut plus lancer d'anathèmes atroces, d'iniques flétrissures; mais on arrive à la vérité, et la vérité mène à la justice.

La patrie c'est la terre où l'on est né, où l'on a été élevé, c'est la collection des individus qui l'habitent, et qui ont cherché dans leur union, dans la mise en commun de leurs forces, dans les sacrifices de leurs intérêts, des garanties de leur sécurité et de leur bonheur.

Aimer la patrie, c'est tendre de tous ses désirs, de tous ses efforts, à la sécurité et au bonheur de ses concitoyens : être traître à la patrie, c'est tendre à troubler cette sécurité, à détruire ce bonheur. *Les gouvernemens comme les individus peuvent être traîtres à la patrie, et ils le sont quand ils blessent tous les droits, quand ils étouffent toute liberté, quand ils sont les instrumens du malheur public.*

La résistance à l'oppression des gouvernemens traîtres à la patrie, l'insurrection contre les individus qui usurpent les droits ou qui en abusent, est la seule ressource des nations. Les oppresseurs du jour nient ce principe qu'ils invoquaient hier, quand ils étaient opprimés; mais ces dénégations intéressées ne peuvent prévaloir contre la conscience du droit, et les peuples qui jouissent de la plus grande prospérité sont ceux qui ont fait de l'insurrection la base de leurs gouvernemens. Si on condamne ces principes, il faut prêcher la soumission au roi bourreau Charles IX; il faut proclamer fidélité à la Convention: qui osera le faire?

La Montagne régnait, assurait-elle la sécurité et le bonheur des Français?

Répondez, témoins survivans de ce règne abominable, dont le trône était l'échafaud, dont le sceptre était une pique! Et vous, milliers de victimes, sortez de vos vastes tombeaux, apparaissez, répondez! A-t-il trahi la patrie l'homme courageux qui, pénétré d'indignation à la vue des forfaits qui ensanglantaient la France, et prévoyant tous ceux dont l'avenir était gros, a pris la résolution de venger les uns et de prévenir les autres?

Dira-t-on que Dumouriez fut traître à la patrie, en l'exposant aux coups des étrangers armés, ou en traitant avec ces étrangers?

Ainsi parlait la Convention; mais n'est-ce pas Dumouriez qui, le premier des généraux de la France nouvelle, avait fait sentir à l'ennemi le poids des armes françaises? N'est-ce pas lui qui, deux fois en quatre mois, avait chassé l'étranger loin du sol national, et par son génie et sa valeur, aidés de la valeur et du génie de tant de capitaines illustres formés à son école, avait assuré la sécurité et l'indépendance de son pays?

Les désastres de la dernière campagne avaient ramené les ravages de la guerre sur les frontières de la France; mais est-ce à Dumouriez qu'on peut imputer ces désastres? L'abandon des rives de la Meuse fut l'ouvrage du général Miranda; le désordre de la retraite fut amené par la défiance des soldats et les vices de l'administration. Quand Dumouriez quitta l'attaque de la Hollande, pour rétablir les affaires dans la Belgique, on le vit de nouveau déployer le même courage et les mêmes talens militaires; et si le succès ne répondit pas à ses espérances et à ses efforts, c'est que les généraux n'exécutèrent pas ses ordres, c'est que des corps entiers fuirent devant l'ennemi, et c'est encore Miranda qui, par une retraite plus coupable encore que la première, décida la perte de la bataille, et compromit le salut de l'armée.

Après la glorieuse et funeste journée de Neerwinden, Dumouriez ne pouvait plus rester en Belgique, parce que les Belges, indignés de la conduite des commissaires de la Convention, et des vols, des pillages, des emprisonnemens et des profanations dont ils étaient chaque jour témoins ou victimes, recevaient les Autrichiens comme des libérateurs, et se levaient contre les

Français, dont, quatre mois auparavant, ils avaient favorisé les succès.

A cette époque, c'était la Convention qui accumulait les dangers de l'extérieur comme ceux de l'intérieur. C'était la Convention et ses agens qui avaient changé en défaites les succès des armées et qui avaient ramené l'ennemi, naguère fugitif, sous les murs de nos places frontières. C'était la Convention qui, par son atrocité et son délire, se montrait l'alliée la plus utile de la coalition, qui, en même temps qu'elle réunissait contre la France tous les gouvernemens de l'Europe, neutralisait tous les moyens de résistance par des divisions intestines.

La coalition avait amené l'irritation générale et soulevé toutes les passions qui avaient renversé la monarchie et conduit le monarque à l'échafaud; et Dumouriez, qui avait pensé qu'on pouvait prévenir ces calamités en triomphant de la coalition, voyant que son espoir avait été trompé, que ses succès avaient inspiré le désir de la vengeance, au lieu des idées de modération, et que, par une étonnante réaction, les hommes passionnés, que la coalition avait portés au pouvoir, en étaient devenus les auxiliaires, crut devoir changer de système, et il attaqua l'ultra-révolution pour triompher plus facilement de la contre-révolution, qu'il avait battue déjà.

Dumouriez traita avec l'ennemi? Mais une suspension d'hostilités n'est une trahison que lorsque le général qui la sollicite ou qui l'accorde, sacrifie les avantages que son pays pouvait obtenir de la continuation de ces hostilités.

Quels avantages la France aurait-elle recueillis de la prolongation de cette campagne? Aurait-elle conservé une partie de la Belgique? Non; l'armée aurait été bientôt forcée de rentrer sur le territoire français faute d'approvisionnemens, et par la réunion des Belges avec les ennemis; et, par ces mêmes causes, cette armée aurait peut-être eu peine à défendre les frontières de l'empire; c'est du moins ce à quoi elle aurait été forcée de se borner pendant quelque temps. L'évacuation de la Belgique était une des conditions du traité : sans ce traité, la Belgique aurait été évacuée; avec cette différence que l'évacuation aurait encore coûté beaucoup de sang, et ajouté au découragement de l'armée. Sans ce traité l'armée serait rentrée sur le territoire national, suivie par l'ennemi, qui aurait profité du désordre et de la terreur qui accompagnent toujours les retraites, tandis que, par ce traité, l'ennemi s'engageait à respecter nos frontières et abjurait toute intervention dans nos démêlés intérieurs; donc la France, loin d'avoir perdu aucun avantage par ce traité, obtenait des conditions telles qu'elle aurait pu les exiger après des succès, l'intégrité de son sol et la sécurité contre toute attaque : donc ce traité ne fut pas une trahison envers la patrie.

Dumouriez, malgré le traité conclu, ne devait pas, en marchant sur Paris, laisser la frontière sans défense. L'armée ennemie était plus nombreuse que l'armée française, qui aurait été affaiblie encore par le départ des corps que le général voulait conduire dans la capitale. La supériorité des forces autrichiennes aurait pu engager leurs chefs à profiter de quelques uns de ces événemens si fréquens dans un état de guerre, pour rompre la suspension d'armes. Cette inquiétude, trop légitime, obligeait Dumouriez à ne tirer de son armée que le moins de troupes possible, et, comme il devait prévoir le cas où ces troupes seraient insuffisantes pour l'exécution de ses desseins, il est naturel qu'il se soit ménagé des secours. En prenant ces secours dans son armée, il en diminuait encore la force, et une attaque de l'ennemi pouvait entamer la frontière : au lieu qu'en tirant ces secours de l'armée autrichienne, il rétablissait l'équilibre des forces à l'extérieur, et obtenait des garanties de la fidélité à toutes les conditions du traité. Les troupes étrangères sous ses ordres et environnées de ses propres soldats, répondaient de la moindre contravention aux engagemens pris.

Ainsi, c'est pour avoir tenté d'anéantir la plus atroce tyrannie qui ait jamais pesé sur une nation, pour n'avoir fait cette tentative qu'après avoir assuré l'inviolabilité des frontières de son pays contre toute invasion ; c'est pour s'être donné des ôtages qui répondissent du salut d'augustes victimes en butte à la fureur et au désespoir des monstres qui allaient abattre; c'est pour avoir voulu rendre à ses concitoyens la sécurité et le bonheur, en un mot, c'est pour n'avoir sacrifié ni un seul principe de liberté ni un seul sentiment d'humanité, que le général Dumouriez fut déclaré traître à la patrie!!! Pour nous, qui révisions ce jugement en présence de la postérité, ce n'est pas assez d'avoir montré la justice des causes qui l'ont fait agir et qui le disculpent, nous devons encore examiner quelles ont été les suites de son entreprise, et quels malheurs elle eût épargnés à la France, si elle avait été couronnée du succès. Il faut éclairer l'opinion, et associer à la mémoire du grand homme qui n'est plus les idées patriotiques qui l'ont consolé de la vie et rassuré contre la mort.

La Convention, ses comités, ses proconsuls, frappés d'un seul coup, à l'arrivée de Dumouriez et de ses troupes, n'auraient pas, pendant si long-temps, pendant trois ans qui parurent trois siècles, détruit des populations, ravagé les campagnes, renversé les cités, couvert tout le sol français de sang et de ruines. Cette Convention n'aurait pas proscrit ceux de ses membres qui, cherchant à arrêter le torrent de ses atrocités, y furent engloutis. On n'aurait pas vu ce chaos d'insurrections de la Commune contre la révolution, ou de la Convention contre la domination de Robespierre, la mort de l'auguste veuve et de l'angélique Elisabèth, ces conspirations réelles ou supposées, ces guerres civiles, ces massacres perpétuels, jusqu'à ce que, mutilée de ses propres mains, décrépite, la Convention léguât à de nouvelles autorités, à un Directoire et à des Conseils, sa puissance et ses exemples.

On n'aurait pas vu ces légataires de la Convention, après quelques mois d'un repos comme d'assoupissement, renouveler leurs dissensions, et le Directoire, à l'instar de la Convention, proscrire et des députés et ses propres membres, appeler les soldats à l'appui de ses proscriptions, et, après une longue série d'attentats et de malheurs, moins horribles, il est vrai, que ceux de la Convention, ce Directoire et ces conseils tomber devant un général heureux, qui, à l'aide de cette armée, assume ou se fait accorder tous les pouvoirs, et, sous le nom de consul, recommence la monarchie.

On n'aurait pas vu ce même général, génie incomparable, artisan de gloire et de malheur, passer du siége consulaire au trône impérial, organiser la tyrannie sur la base la plus large et la plus solide, ébranler toute l'Europe et tomber enfin, menaçant d'entraîner la France dans sa ruine, si la France ne s'était pas détachée de lui.

Alors, en 1814, on a exécuté, mais en partie seulement, ce que Dumouriez avait médité en 93. Ainsi la France n'a retiré du non-succès du général que vingt-et-un ans de forfaits, de dissensions, de guerres, de victoires et de désastres, pour arriver à la restauration!

Combien il eût été plus heureux pour la France de ne pas parcourir cette longue route où elle a marqué tous ses pas par des monumens de fureurs, de grandeur, de gloire et d'infortunes! Combien nous devons regretter que Dumouriez ait échoué dans son entreprise, non-seulement parce que le rétablissement de la monarchie eût été opéré sans tant d'années de souffrances, mais encore parce que ce rétablissement eût été opéré d'une manière plus avantageuse pour la patrie. Prouvons-le. Osons esquisser le parallèle de la restauration telle que la méditait Dumouriez en 1793, avec celle dont nous avons été les témoins.

Au premier avril 1793, le général Dumouriez, à la tête d'une armée formidable encore, malgré ses revers, avait imposé aux ennemis extérieurs la neutralité dans la politique intérieure de son pays : les frontières étaient intactes, et une population immense et valeureuse, enflammée de l'amour de la liberté et de la patrie, suffisait pour repousser toute attaque, et sauver la France de la domination étrangère.

Au premier avril 1814, toutes les armées de toute l'Europe couvraient tout le sol de la France et en occupaient la capitale. La population, en deuil de sa jeunesse moissonnée dans mille batailles, rendue indifférente au joug par le despotisme impérial, n'offrait plus de résistance, et égarée par des lâches et par des traîtres, se ployait humblement aux lois des étrangers. O douleur! c'est à eux qu'on donnait le titre de libérateurs, à la lueur des feux de leurs camps, au son de leurs chants de victoire!

En avril 1793, Dumouriez, maître de la capitale, aurait dissous la Convention, rétabli la monarchie, proclamé la constitution de 1791, qui émanait de la volonté nationale, invité les départemens à élire de nouveaux représentans, sauvé la famille royale et ramené l'ordre et la tranquillité. Tout alors eût été fait par des Français, par des hommes ennemis de l'anarchie, mais amis sincères de la liberté. Tous les droits eussent été consacrés, et la révolution, comme celle de l'Angleterre, serait aujourd'hui appelée glorieuse.

En avril 1814, les rois étrangers, tout en proclamant leur respect pour les droits de la nation, demandent et font ordonner la déchéance de l'empereur. Ils protestent que la France est libre de choisir son gouvernement, et ils font rappeler l'ancienne dynastie. Les hommes dont ils se servent sont ceux-là même qui ont été les artisans, les salariés et les complices de la tyrannie. La constitution que proposent ces hommes est celle qui, sous l'empire, n'a point défendu les libertés publiques, et si les auteurs y ajoutent, c'est pour s'assurer la conservation de leurs emplois ou de leurs pensions. Cette constitution est rejetée par le nouveau roi, dont les intentions étaient bonnes; mais ce n'est pas parce qu'elle est mauvaise, c'est, lui font dire des conseillers aveugles, parce qu'il ne doit pas recevoir de conditions, parce que c'est à lui seul à dicter des lois, parce qu'il faut octroyer une charte!

En avril 1793, la contre-révolution, expulsée du sol français, aurait été abandonnée des puissances étrangères qui ne voulaient plus la guerre. Alors, voyant rétablir le règne des lois, détrompée de ses illusions, connaissant, par une cruelle expérience, que l'*exécution de ses projets* était impossible, elle aurait été obligée, pour rentrer dans la terre natale, de se soumettre aux institutions nouvelles, et d'accepter, au lieu des prérogatives qu'elle ne pouvait plus posséder, les avantages de l'égalité qu'on eût daigné lui offrir.

En avril 1814, la contre-révolution rentre en France, à la suite des armées ennemies, ou s'y réveille au bruit de leur marche. Auxiliaire des envahisseurs, elle acquiert ce qu'elle appelle des droits, reçoit des promesses et multiplie ses espérances par ses prétentions. En applaudissant aux vainqueurs, elle se croit victorieuse elle-même, prétend avoir reconquis la France, et se trace le système si fidèlement suivi depuis pour conserver cette conquête, et étouffer toutes les libertés.

En se livrant à ces considérations, et observant avec soin les événemens des dix dernières années * l'état présent de la France, et le sinistre avenir qu'on lui prépare, quel est l'homme qui oserait encore faire peser sur la mémoire du gé-

---

* J'écrivais ceci en 1825 ; j'étais loin de prévoir les quatre années qui se sont écoulées depuis juillet 1830. Le système de la restauration me faisait regretter que Dumouriez eût échoué, à combien plus forte raison doit-on le regretter en subissant la cruauté et la honte du système actuel !

néral Dumouriez l'inique flétrissure que la convention a voulu attacher à son nom! quel est le Français digne de ce titre qui ne regrette pas que les espérances du patriotique général aient été déçues, que tous ses projets aient échoué! quel citoyen ami de son pays, quel ami de l'humanité n'a pas pleuré et ne doit pas pleurer encore sur le triste résultat de cette vertueuse tentative! combien se sont reproché de ne l'avoir pas favorisée!.... Mais n'accusons personne; à l'aspect des événemens de la révolution française, on croit remarquer, à chaque instant, l'impulsion d'un affreux génie, et on s'écrie avec désespoir: « C'est le sort qui fut traître à la France. »

Quant au général Dumouriez, fidèle à la cause de la liberté et de son pays, lors même que les soldats, trompés sur ses intentions, dirigeaient leurs armes contre lui, et le forçaient à se réfugier au quartier-général ennemi, il défendait encore l'indépendance de la France; et quand le général étranger, changeant ses dispositions, annonça l'intention de continuer la guerre au nom et pour le compte de l'empereur, Dumouriez s'éloigna de ses tentes hostiles.

Le 10 avril, il se rend chez le prince de Cobourg, tenant à la main une proclamation de la veille, dans laquelle le prince faisait connaître ses desseins nouveaux; et la conversation suivante s'établit :

Dumouriez. — Monseigneur, j'ai reçu ce matin cette proclamation qui m'étonne et m'afflige. Ce n'est pas là ce que vous m'aviez promis; et je viens demander à votre altesse la cause de ce changement.

Le prince. — Ce sont des ordres que j'ai reçus, et que je suis obligé d'exécuter. J'en suis bien fâché moi-même, général; mais les circonstances justifient ces ordres, et je dois obéir.

Dumouriez. — Mais, monseigneur, notre convention et vos engagemens sont violés. Il me semble qu'en représentant au congrès ce dont nous étions convenus, vous auriez changé sa résolution, et prévenu ses ordres.

Le prince.—Je l'ai fait, mais on m'a répondu, avec raison, que notre position n'est plus la même. Quand vous comptiez sur votre armée pour rétablir le bon ordre en France, nous avons consenti à rester neutres, et même à mettre à votre disposition un corps de nos troupes; mais aujourd'hui que votre armée vous abandonne, et se dispose à vous combattre, c'est à l'empereur à diriger les opérations, et c'est en son nom que nous devons courir les chances de la guerre qu'on lui fait.

Dumouriez. — Le cas de l'abandon d'une partie de l'armée a été prévu dans notre convention, puisque ce n'est que dans ce cas que j'avais besoin d'auxiliaires, et que ce n'est que pour avoir le droit de commander les troupes de sa majesté impériale que j'ai accepté le titre de général d'artillerie.

Le prince. — Mais ce n'est pas seulement un corps de nos troupes que nous devrions mettre à votre disposition, puisque vous ne pouvez plus agir qu'avec toutes nos forces.

Dumouriez. — Ce n'est pas le commandement que je viens réclamer, monseigneur; je ne veux que protester, en vous rappelant vos promesses, contre toute participation aux mesures annoncées dans votre proclamation d'hier, et vous dire que je vais quitter votre armée.

Le prince. — Comment !

Dumouriez. — Oui, monseigneur, ma présence auprès de vous déposerait contre moi : je me la reprocherais moi-même. Je m'en vais.

Le prince. — Je sens plus vivement, général, ma position délicate, par la résolution que vous prenez ; mais où pouvez-vous aller ?

Dumouriez. — Je n'en sais rien, mais peu m'importe. Je vous remercie, monseigneur, de vos égards pour moi. Je n'oublierai jamais votre conduite et celle de vos officiers ; permettez-moi de vous recommander ceux de mes malheureux camarades que la proscription et la faim retiendraient sous vos drapeaux.

Le prince. — Je vous promets pour eux tous les soins les plus tendres ; mais vous ?

Dumouriez. — Monseigneur, vous m'estimerez davantage encore : c'est tout ce que j'ambitionne.

Ainsi Dumouriez a terminé sa vie publique. L'éloge de ce dernier acte serait superflu ; il n'y a rien à ajouter à son récit.

Je passe maintenant à l'examen de la seconde question; et je reprends les citations.

« Les puissances étrangères, l'Autriche surtout, redoutaient les projets de la France, qui, non-seulement par l'augmentation et l'exercice continuel de ses armées, mais encore par son influence sur les contrées voisines, la menaçait constamment. L'alliance intime de la Russie et de la France, alliance faite par Paul et continuée par son successeur, fit sentir à l'empereur d'Autriche la nécessité de donner à son état militaire une nouvelle organisation. L'archiduc Charles écrivit au général Dumouriez pour lui demander ses conseils ; et Dumouriez lui répondit par l'envoi d'un plan d'organisation de l'armée, plus conforme aux idées nouvelles et aux progrès de la science de la guerre.

Ce travail, qui fut goûté et pour lequel le prince Charles fit donner à Dumouriez une pension de 3,000 florins, est le premier que le général ait fait pour un gouvernement étranger ; et le prix qu'il en a reçu, en faisant présumer son importance, fera renouveler sans doute l'accusation d'avoir travaillé contre sa patrie, et favorisé les progrès des ennemis de la France. Je dois prévenir ce reproche.

Ce serait éluder la question que dire que Dumouriez, proscrit depuis neuf ans, lui que tous les gouvernemens qui s'étaient succédé en France avaient constamment repoussé, et qui, vu les événemens qui se préparaient, devait perdre tout espoir de jamais voir rouvrir pour lui les portes de la patrie, pouvait se croire en droit de choisir une patrie nouvelle, et de lui offrir, pour prix de l'hospitalité qu'elle lui accordait, les conseils de son expérience, nécessaires à la conservation de ses protecteurs ! Non ! Dumouriez n'a jamais choisi une autre patrie ! Il a été proscrit, mais il n'a jamais abdiqué son titre de citoyen français, et jamais il n'a cessé de faire des vœux et d'employer tous les efforts de son intelligence pour le bonheur de son pays.

Ce serait encore éluder la question que de dire que l'Autriche n'était pas en guerre avec la France; que par conséquent il était libre à Dumouriez de servir l'empereur de ses conseils, et qu'on ne peut pour cela l'accuser d'avoir desservi la France.

C'est autrement qu'il faut répondre ici. Il faut développer des principes trop peu médités et dont l'intérêt des gouvernans et souvent les passions des gouvernés étouffent les conséquences. J'appelle avec confiance l'attention de mes concitoyens sur cette partie de mon ouvrage : elle est importante ; il s'agit des devoirs envers la patrie, des devoirs envers les nations, des devoirs envers le genre humain.

L'homm, considéré dans l'état de nature, a des affections bien plutôt que des devoirs; c'est parce que ces affections sont tellement générales qu'elles semblent faire partie de son organisation physique et morale, et que la créature brute elle-même les éprouve, que ces affections ont été placées au premier rang des devoirs ; ces affections ont pour objet lui et sa famille.

L'homme, dans l'état de société auquel sa perfectibilité l'a évidemment destiné, acquiert des affections nouvelles; et ces affections, payées de retour, deviennent aussi éminemment des devoirs, dont l'objet est la société.

Les animaux sont entraînés par l'instinct de

l'amour naturel, à exposer leur vie pour la conservation de leurs petits. Le même instinct devient dans l'homme un sentiment raisonné : préférer sa famille à soi-même est un des premiers axiomes de la morale que l'homme ait adopté ; et il le pratiquait sans doute lorsqu'il ne semblait être encore que le plus noble des animaux, quand son existence limitée se bornait à la vie physique, à la conservation et à l'entretien de son être.

Pour l'homme dans l'état de société, les affections de la nature ne vont pas plus loin, et ses devoirs naturels ne s'étendent pas au-delà ; les affections pour la société à laquelle il appartient, et les devoirs qui résultent de ces affections, sont des affections et des devoirs de raison et de convention ; car si l'on remonte à l'origine de la société, si l'on veut méditer sur le but de l'association des hommes, on trouvera que la conservation individuelle, un accroissement de sécurité pour soi-même et pour sa famille, ont été les liens des premières réunions des hommes et qu'ils sont les fondemens de la vie sociale.

Il y a bien loin sans doute de ces principes des sociétés humaines à cet axiome proclamé depuis : Que de la même manière que l'homme doit préférer sa famille à lui-même, il doit préférer la société à son pays, sa patrie à sa famille; et on ne peut retenir un mouvement de surprise, en entendant réclamer, au nom de la société, le sacrifice de ce dont la conservation a été le motif de l'association. Non-seulement ce devoir n'est pas dans la nature, mais même il est contre la nature; et ce n'est que par les efforts d'une raison supérieure, et en appelant à son secours tous les principes moraux d'une civilisation avancée, qu'on le peut concilier avec les affections naturelles.

Mais alors aussi la raison va plus loin : de l'homme de la nature, devenu chef de famille, puis membre d'une société, citoyen d'un pays, elle fait un membre de la grande famille humaine, un citoyen de l'univers, et elle lui dit : « Le » bonheur de la race humaine, ou, si le bonheur de tous est impossible, le plus grand bonheur du plus grand nombre doit être l'objet

» de tes vœux, le but de tes efforts; et de la mê-
» me manière que l'amour de toi-même et de ta
» famille ne doit point prévaloir sur les droits de
» la patrie, l'amour de la patrie ne doit pas pré-
» valoir sur les droits des peuples étrangers, sur
» les droits de l'humanité. »

La règle des devoirs de l'homme dans l'état social, de l'homme citoyen, c'est l'équité, c'est l'utilité; tout ce qui est injuste, il doit le condamner, il doit l'empêcher; non seulement parceque c'est injuste, mais parce que l'injustice, de quelque voile qu'on la couvre, de quelque succès qu'elle puisse être momentanément couronnée, est toujours une source de malheurs pour les nations, comme pour les individus.

Les différentes nations qui couvrent le globe sont, pour ainsi dire, des individus dans l'état de nature. Ce qu'un homme doit à un autre homme, une nation le doit à une autre nation; et le premier de ces devoirs, c'est de respecter leur indépendance et leurs intérêts mutuels. Si les peuples étrangers attaquent l'indépendance ou lèsent les intérêts de la patrie, le citoyen doit tout sacrifier pour leur défense; mais si la patrie renonce à ses propres droits, en attaquant ceux des autres peuples, et en proclamant la force comme l'arbitre de tout, le devoir du citoyen est d'éclairer ses compatriotes, de les dissuader d'une guerre inique; et, s'il ne peut l'empêcher, de contribuer autant qu'il est en son pouvoir, sans léser les droits ou les intérêts de ses concitoyens, à la défense de l'indépendance et des intérêts des peuples.

Il est des circonstances où ce devoir est plus impérieux; c'est lorsque, loin de sa patrie qui le repousse, ce citoyen, victime déjà de l'abus de la force ou de l'autorité, et ayant, en se soumettant aux décrets injustes de son pays et en renonçant à la vindication de ses droits individuels, rempli le devoir auquel rien ne peut le soustraire, a vu ses compatriotes passer de la violation des droits individuels à la violation des droits nationaux, et attaquer le peuple dont l'hospitalité lui a ouvert un asile.

Coriolan, banni de Rome, se retirant chez les Volsques, les appelant aux armes, se mettant à leur tête et s'avançant jusque sous les murs de Rome, sur les cadavres de ses concitoyens, et au milieu des ruines des villages et des villes, fut un traître à son pays : son nom doit être abhorré ; mais si tranquille dans sa retraite, et toujours Romain, il avait vu les légions de Rome, lancées par l'ambition de ses compatriotes sur la capitale des Volsques, menacer l'état de l'anéantissement ou de la servitude, il aurait pu, il aurait dû en entreprendre la défense ; *car des envahisseurs, des conquérans, quelles que soient leurs enseignes, ne sont pas la patrie.*

Dira-t-on qu'il est traître à l'amitié, qu'il viole les lois de la nature, l'homme qui, instruit d'une spoliation méditée par ses amis ou ses parens contre un étranger, contre son ennemi même, l'avertit du danger et lui offre les moyens de le repousser, ou qui oppose la force à la violence que ces amis ou ces parens tentent d'exercer ? Je le demande à vous, applicateurs des lois, suffirait-il, pour désarmer votre justice, que le témoin ou le confident impassible d'un assassinat répondît à vos reproches : L'assassin était mon frère, je n'ai rien dit, et j'ai laissé faire? Et quand une pareille réponse vous remplirait d'horreur, se pourrait-il qu'au tribunal des siècles, où l'humanité seule préside et décide, dans le silence des intérêts et des passions, d'après les lois immuables de la morale universelle, on condamnât le citoyen qui répondrait ; Instruit de l'attentat médité par mes concitoyens égarés, j'en ai prévenu les victimes ; et j'ai voulu leur fournir tous les moyens d'en empêcher l'exécution ? Non, sans doute, la postérité ne prononcera pas ces condamnations. Mais d'autres considérations se présentent encore pour les repousser. Jusqu'à présent je me suis servi du mot de patrie, et c'est de la patrie elle-même que je parlais. Mais la supposition que la patrie veuille des envahissemens et des conquêtes est une chimère, dans l'état actuel de l'intelligence et des nations. Les peuples n'expriment désormais qu'un désir, parce qu'ils n'éprouvent qu'un besoin : l'indépendance et la sécurité.

En confondant, sous le seul mot de patrie, trois choses essentiellement différentes, et très-souvent diamétralement opposées, le peuple, le gouvernement et les gouvernans, on est facilement entraîné, comme je l'ai déjà dit ailleurs, à déclarer traître contre tous l'homme qui croit consciencieusement tendre au plus grand bien de son pays. Il faut donc s'arrêter encore un instant sur la division, en trois parties, de ce qu'on appelle la patrie.

Le peuple est la première et la principale partie. Malgré la différence des pays et des climats, il a partout un trait commun, il est bon, il est ce que le font les usages, les lois, les rigueurs de la domination ou les habitudes de la liberté.

Le gouvernement, c'est le mode de diriger le peuple. Le but de cette direction devrait être la conservation et le bien-être du peuple. Il y a beaucoup plus de différence de gouvernement à gouvernement que de peuple à peuple; c'est peut-être, c'est sans doute la raison pour laquelle il y a tant de mauvais gouvernemens. Les seuls bons sont ceux qui établissent cette direction pour le peuple, et conséquemment par le peuple; quand cela n'est pas, il y a opposition entre le gouvernement et le peuple; et alors on peut fort bien être à la fois un excellent citoyen, et ce que les gouvernemens appellent un mauvais sujet.

Les gouvernans ne sont pas plus le gouvernement que le gouvernement n'est le peuple; et il y a encore moins de bons gouvernans que que de bons gouvernemens. Les premiers gouvernans, les ministres choisis par le chef du gouvernement, n'ont assez souvent d'autres vues que la conservation et l'accroissement de leur pouvoir, pour la satisfaction de leurs intérêts personnels, ou pour l'avantage de leurs familles ou de leurs amis. Chez quelques peuples, outre les gouvernans choisis par les rois, il y en a de choisis par le peuple, et dont la mission est de contrôler les premiers, et de veiller à ce que leur action ne s'écarte jamais des intérêts généraux du peuple, et qu'elle les satisfasse. Ce n'est qu'alors qu'il y a union, identité entre le gouvernement, les gouvernans et le peuple; mais souvent ces derniers gouvernans, loin d'être les élus de leurs concitoyens, sont imposés au choix d'une faible partie de la nation, par la corruption ou par la force : et alors il y a opposition, il y a antipathie non-seulement entre les gouvernans et le peuple, mais encore entre les gouvernans et le gouvernement. C'est l'état le plus déplorable auquel une nation puisse être réduite : parce que, outre le prétexte de l'intérêt général, de la sécurité publique, dont tous les gouvernans couvrent tous leurs desseins et tous leurs actes, ces desseins et ces actes obtenant la sanction d'hommes qui ont l'air de représenter le peuple, il n'y a plus de moyen de prévenir, de réparer ou de punir le mal fait aux individus ou à la masse des citoyens; et les gouvernans et les peuples sont entraînés à leur ruine par ceux mêmes qui sont chargés de la conservation des uns et des autres.

De ces réflexions on peut conclure assez généralement que ce qu'on décore du titre de volonté nationale n'est que la volonté des hommes à qui le sort livre les rênes des empires, puisque presque partout les peuples sont passifs, et que ce qu'on appelle le gouvernement n'est qu'un être moral, une dénomination.

Ce qui présente le caractère le plus évident de la volonté des gouvernans, sans aucune participation de la volonté des gouvernés, c'est la guerre offensive, la guerre d'invasion. Aucun peuple, depuis plusieurs siècles, n'a senti le besoin de prendre les armes pour ravager ou pour conquérir. Aucun peuple aujourd'hui ne connaît assez peu ses intérêts pour croire qu'il lui importe de prendre les armes, pour imposer à un peuple étranger ou telle manière d'être, ou telles règles de conduite intérieure. Aucun peuple surtout n'est assez insensé pour penser qu'il ajoute à sa grandeur, à son influence, à sa prospérité, en ajoutant à son territoire des provinces, des contrées, séparées par des limites naturelles, et par la différence des langages et des mœurs de leurs habitans. Mais tous les peuples sentent, lors même que les gouvernans abâtardis semblent l'ignorer, que la défense du sol national est le premier devoir; et tous savent courir aux armes pour repousser l'ennemi qui envahit la frontière.

Si les guerres d'invasion ne sont plus depuis

long-temps et ne peuvent plus être ni dans la volonté ni dans les intérêts des nations ; si au contraire elles leur sont préjudiciables ; si le succès même de ces guerres, outre qu'il consacre l'iniquité, est toujours le germe de guerres nouvelles, qui toujours finissent par des désastres ; si enfin ce sont les gouvernemens seuls qui entraînent les peuples à ces combats, il est évident que c'est contre les gouvernans, et non pas contre sa patrie, que se lève l'homme qui prodigue les avis de son expérience pour la préservation des droits de tous les peuples, et qui repousse l'injuste domination de ses compatriotes, asservis eux-mêmes.

Tels sont les principes que le général Dumouriez avait gravés dans sa conscience, après de longues méditations, et qu'il mettait en pratique à l'âge de soixante ans : et ces principes, ils se propagent enfin partout, et promettent à l'avenir des jours plus paisibles. Les relations d'amitié, les rapports plus fréquens, plus multipliés entre les citoyens des différentes nations, forment, entre les peuples, des liens resserrés par l'estime et la bienveillance, et que les gouvernans ne pourront plus briser un jour. La guerre, cet horrible jeu auquel ils se livrent avec tant d'entraînement, leur deviendra impossible, parce qu'ils seront obligés de la faire eux-mêmes et de la faire presque seuls, lorsque les peuples, indifférens à leurs débats, resteront unis, et répondront aux manifestes par des protestations de paix et d'amitié.

La conduite du général Dumouriez a donc, dans les circonstances où il se trouvait, et au milieu des événemens qui se préparaient, été conforme aux lois de la morale universelle, et aux intérêts mêmes, non pas des gouvernans français, mais de la nation française. Tant que les gouvernans étrangers ont été les provocateurs de la guerre, tant qu'ils ont attaqué la France, Dumouriez a constamment fait des vœux pour son pays; et quelque indignation qu'il éprouvât et qu'il exprimât souvent contre les hommes qui, si long-temps et de tant de manières, avaient mérité la haine ou le mépris, toujours il avait séparé de leur cause la cause de la France, et fait tous ses efforts pour engager l'Europe à une réconciliation générale sur les bases de la liberté. Mais lorsque l'instabilité des gouvernemens et des gouvernans, qui se succédaient ou se renversaient tour à tour, eut placé le pouvoir suprême entre les mains d'un seul homme, et qu'il vit cet homme marchant à l'empire et à l'anéantissement des libertés publiques par la guerre et par la gloire, il pensa que c'était rendre un service à son pays que de combattre les projets et d'empêcher les succès qui devaient servir de base au despotisme ; et dès-lors tous ses vœux, tous ses travaux eurent pour objet la chute de Bonaparte ; chute qui lui paraissait inévitable, si les puissances étrangères parvenaient à restreindre son autorité dans les limites de la France. »

COUP D'OEIL POLITIQUE

SUR

L'EUROPE

AU MOIS DE DÉCEMBRE 1819.

Le Coup d'œil politique sur l'Europe au mois de décembre 1819 n'est qu'un extrait de la correspondance du général Dumouriez avec M. le duc d'Orléans pendant les derniers mois de cette année. J'avais écrit toutes ces lettres sous la dictée du général; ce sont les premières, qu'à force d'instances, et pour éviter une fatigue dangereuse à un vieillard de 80 ans, j'obtins d'écrire pour lui; car, avec cette bonté qu'il a conservée toute sa vie, il voulait que je ne m'occupasse que de mes études et de mes travaux personnels.

Je jugeai la première lettre si digne d'être conservée que je voulus absolument en garder copie. Dumouriez céda à mes nouvelles instances, et il en fut de même de toutes les autres lettres. Il en résulta pour le général plusieurs avantages, entre autres celui d'avoir sous les yeux ce qu'il avait écrit, d'éviter les redites, et en définitive d'avoir un bel ouvrage de plus.

Comme ami et comme Français, je devais regretter qu'un travail dont la publicité pouvait être si utile à l'humanité restât secret chez M. le duc d'Orléans; le publier sous la forme primitive et comme correspondance c'était chose impossible. Il était indispensable de lui donner une nouvelle forme, et l'écrit publié par le général à Hambourg, sous le titre de Coup d'œil politique sur l'Europe, me parut un excellent précédent. Je priai le général de faire ce travail, et j'eus le bonheur de l'y décider.

Une grande partie de ces lettres étaient consacrées à l'examen des actes du gouvernement français; c'était en réponse à ce que mandait le prince dans ses propres lettres, et qu'il jugeait avec moins de ménagement peut-être que Dumouriez ; mais il y avait trop de détails dans les réponses, pour que ces détails pussent être conservés : et en outre tout ce qui aurait paru venir *de piqûres de cousins* était trop petit pour trouver place dans le grand tableau qu'il fallait présenter. On commença donc par des retranchemens ; il en est que je regrettai, parce que les lettres du prince attachaient beaucoup d'importance aux faits ; tels que l'affaire de l'Ecole de Droit, celle surtout de M. Bavoux; mais le général insista. Aujourd'hui le prince ne regrettera pas la suppression ; s'il en était autrement, il peut relire les lettres de Dumouriez et les siennes ; il y trouvera à se consoler.

Après avoir retranché, il fallait réunir et remettre en ordre ce qui, écrit dans une période de quatre mois, suivant l'arrivée des événemens, était éparpillé dans différentes lettres ; mais ici un nouveau travail était à faire. Ce qui se disait avec tout l'abandon, toute la crudité de l'amitié, et de l'intimité, devait recevoir quelques modifications quand il s'agissait de le répéter au public. Ainsi l'administration de M. Decazes était jugée bien plus sévèrement dans la correspondance que dans l'ouvrage, et, je dois le dire, le jugement le plus sévère n'était pas celui des lettres que l'on décomposait. Mais chut ! Il ne faut pas brouiller les amis.

Le but que j'avais indiqué au général et qu'il voulait atteindre, — le bien général, — dépendait alors beaucoup plus des rois que des peuples ; car les rois pouvaient tout, et les peuples garrottés ne pouvaient rien. Dumouriez pensa que le langage de la modération, de la bienveillance et de la confiance favoriserait l'entrée des doctrines de la liberté et de l'humanité dans les têtes royales, et qu'elles accueilleraient la raison, en la voyant appuyée sur leurs intérêts. Bon vieillard qui, malgré tout son esprit et sa longue expérience, ne savait pas que la liberté, l'humanité, la raison sont pour les princes comme les béquilles dont Sixte-Quint se servit pour arriver à la papauté, et qu'il jeta bien loin en s'installant sur le trône pontifical.

C'est à ces intentions et à cette erreur de Dumouriez qu'on doit attribuer les égards, les ménagemens dont il use envers les trois monarques fondateurs de la Sainte-Alliance, tout en condamnant leur système politique. Dumouriez rejette le tout sur les ministres, et les attaque vigoureusement, c'est ce qu'on croyait devoir faire partout. Partout! je me trompe, il y avait un lieu où l'on faisait le contraire.

Sans doute je n'étais pas grand partisan de ces ménagemens, et plus d'une fois je m'élevai contre cette indulgence à laquelle des esprits autrement disposés donneraient un autre nom. Peut-être aujourd'hui on n'approuvera pas généralement cette tactique, je le sais bien. J'aurais pu atténuer tout cela depuis; je n'ai pas voulu ; j'ai préféré laisser l'ouvrage tel qu'il est sorti de sa tête, tel qu'il l'a eu sous les yeux.

Ce qui frappera davantage tous les lecteurs, c'est l'exactitude des vues, c'est la justesse des prévisions. L'ouvrage était à peine terminé que déjà une partie des prédictions était accomplie et rendit la publication inutile pour le but qu'on se proposait, et quand, en 1823, j'envoyai cet ouvrage à Paris pour y être imprimé, chacun s'écria qu'il était impossible qu'il n'eût pas été fait après coup, nonobstant les assurances de Garat et de Foy qui déclaraient le contraire. Ce qu'on disait alors, on l'a répété en 1828 et probablement on le répétera encore aujourd'hui. C'est pour cela surtout que je n'ai rien voulu changer, que même je n'ai pas voulu recopier les manuscrits. C'est pour cela aussi que j'ai cru devoir faire précéder ce Coup d'œil politique de quelques explications sur son origine.

Après vingt-cinq ans de guerres, de commotions, de révolutions qui ont bouleversé l'Europe et dont il semble que la providence seule l'a sauvée, tant le dénouement a été rapide et extraordinaire, on sent le besoin de se livrer à la sécurité, et de goûter quelque repos; aussi ne faut-il pas s'étonner de l'indifférence avec laquelle on voit les mouvemens actuels des diverses nations. Habitué à des choses éclatantes, à de fortes secousses, à des récits de faits extraordinaires, on n'éprouve pour ainsi dire pas d'émotion au spectacle des actions communes; on dédaigne de faire attention à la marche des gouvernemens et des peuples, et on se fait même illusion au point de croire qu'ils ne marchent point, parce qu'ils le font sans bruit.

Mais les hommes qui ont recueilli quelque instruction des choses dont ils ont été témoins, et qui ont l'habitude de l'observation, savent bien que les gouvernemens et les peuples ne sont jamais stationnaires, et ils distinguent facilement des mouvemens imperceptibles aux regards du vulgaire. Ils suivent les mouvemens, ils en découvrent les intentions et le but : et comme ils ne peuvent les signaler sans être traités de visionnaires, et qu'ils sont forcés de n'écrire que pour eux-mêmes les résultats de leurs observations, leur silence contribue à entretenir l'erreur générale. Cet état de choses est fâcheux, il est même décourageant; cependant il ne doit pas empêcher de faire pour soi-même et pour ses amis ce qu'on ne peut montrer au grand jour. Plus tard ce travail est connu, il est apprécié; les événemens alors ont justifié ou démenti les prédictions, alors on en juge l'utilité.

Les quatre années de paix qui viennent de s'écouler ne présentent dans leur masse rien de saillant, et cependant elles sont d'une importance extrême, et leur examen est très-intéressant pour le politique et surtout pour l'ami de l'humanité. En 1813, il était facile d'arranger l'avenir; les puissances victorieuses du despote de la France pouvaient préparer de longues années de sécurité et de bonheur. C'était le but qu'elles avaient annoncé et elles avaient réuni tous les suffrages des hommes honnêtes de tous les pays. Mais ce but a-t-il été atteint? Non certainement.

La paix a été faite, il est vrai, puisque les combats ont cessé, puisque le sang ne coule plus. Mais cette paix n'est que partielle, parce qu'on a oublié que la guerre que l'on faisait était contre des choses aussi bien que contre des hommes, et qu'après avoir vaincu ces hommes, Bonaparte et son parti, on n'a rien fait aux choses, qui sont les opinions et les principes qui dominent toutes les nations de l'Europe.

La paix avec Bonaparte était facile à faire, quand il fut battu; il n'y avait qu'à le chasser de France et le mettre dans l'impossibilité d'y rentrer, et on le fit, de la manière, sinon la plus délicate, ce qui n'était pas sans inconvénient, du moins la plus sûre, et cela n'en présentait aucun. A cette paix de tous les gouvernemens de l'Europe ligués contre un seul, devait succéder la paix entre les gouvernemens et le gouvernement nouveau de la France; cette paix était, comme la première, bien facile aux plus forts, elle fut signée aussi. Alors toutes les puissances s'arrangèrent pour n'avoir rien à craindre les unes des autres, et elles crurent avoir fait une paix générale, elles la proclamèrent ; mais elles se trompaient ; car en même temps qu'elles la proclamaient, elles commettaient des hostilités.

La révolution française, à sa naissance, blessa les vues et les intérêts de tous les gouvernemens, et ce fut contre elle que tous les gouvernemens s'armèrent. Les principes de cette révolution étaient purs, une attaque injuste les irrita, les exagéra ; on redoubla d'efforts contre eux, ils en redoublèrent aussi, et les circonstances, et les événemens, et les partis les modifiant de toutes manières, on finit par combattre dans un tyran la révolution qu'on avait combattue, en commençant, dans une monarchie qu'on appelait républicaine.

Les peuples se sont instruits dans cette lutte, dont les succès ont si souvent varié ; et tous sans exception, par le contact avec la révolution française, soit comme ses ennemis, soit comme ses alliés, soit comme ses vaincus, en ont senti, en ont adopté les premiers principes, l'amour de la liberté ; au point qu'à la fin de cette lutte, c'était au nom de la liberté, et avec des promesses de constitutions, que les princes conduisaient leurs sujets au combat, contre le représentant de la révolution française qui avait détruit en France la liberté et les constitutions.

Au jour du triomphe on oublie facilement les promesses faites au moment du danger. Les gouvernemens firent pis; ils s'en souvinrent, non seulement pour ne les pas tenir, mais encore pour empêcher qu'on n'en reclamât l'exécution, et la Sainte-Alliance fut formée.

Il n'y a certainement pas un des princes qui composent cette alliance, qui ne soit distingué par de belles qualités, par des verlus et surtout par le désir de rendre les peuples heureux. Ils en ont trop constamment annoncé l'intention, soit avec réflexion, soit spontanément, pour qu'on puisse avoir le moindre doute sur leur sincérité. Aucun d'entre eux n'a un caractère assez altier, ou des intérêts assez dangereux, pour qu'il craigne la résistance à sa volonté. On ne peut donc, avec justice, leur attribuer la formation de cette compagnie d'assurance mutuelle contre toute institution qui ferait intervenir le peuple dans l'administration des affaires publiques, ou dans leur surveillance.

Qu'il y ait ou non une constitution ou des formes représentatives dans un état, les rois et les empereurs n'en sont pas moins obligés d'avoir des ministres, de n'agir que d'après les rapports, les conseils et les vues de ces ministres. Ils ne peuvent avoir que les lumières, les intérêts, les volontés de ces ministres. Ce ne sont donc pas les rois et les empereurs qui sont arrêtés par les limites d'une constitution ou combattus par les représentans : ce sont les ministres seuls qui ont à les redouter ; ce sont eux seuls qui ont intérêt à les éviter, et par conséquent c'est à eux seuls qu'il faut attribuer la formation de ce contrat de garantie, dont seuls ils doivent recueillir les fruits.

Ainsi, dans les derniers combats contre la révolution, en 1814 et en 1815, les rois conduisaient les peuples sous les drapeaux avec les mots d'ordre révolutionnaires, liberté, sécurité, représentation nationale. Ils animaient eux-mêmes, dans l'âme des peuples, ces sentimens dont la puissance ne pouvait plus être révoquée en doute ; et quand ces sentimens eurent obtenu un nouveau triomphe, le plus difficile de tous, quand ils eurent délivré l'Europe du génie du despotisme qui l'asservissait, les ministères voulurent les étouffer, et, délivrés des ennemis de leurs maîtres, ils en attaquèrent les auxiliaires les plus utiles.

La paix n'était donc pas entière, la guerre entre la contre-révolution et la révolution succédait à la guerre de tous les états contre un seul ; avec cette différence, qu'en 1792, toutes les forces de la révolution étaient réunies en France, tandis qu'aujourd'hui, disséminées dans toute l'Europe, caressées par les gouvernemens pendant plusieurs années, il est plus difficile de les désarmer, de les envelopper ou de les vaincre. Le manifeste de cette guerre a été publié à Vienne en 1815, et depuis la lutte a continué *.

Je n'entrerai pas dans les détails de cette lutte; je n'en tracerai point tous les actes, toutes les variations : mon seul but est de montrer le point où l'Europe est arrivée, et le but vers lequel l'entraînent nécessairement les dispositions hostiles des gouvernemens contre les peuples.

Les gouvernans, dans ce siècle de lumières, ne me paraissent conséquens que dans les routines adoptées par tous leurs prédécesseurs. De tout temps on a attaqué l'esprit de réforme par la force ; et parce que cela a réussi jadis, on

* Les combats de juillet, qui pouvaient, qui devaient terminer cette guerre, n'en ont été qu'un déplorable épisode, et doivent infailliblement la rendre plus terrible. Car on a vu mieux que jamais où conduisent la confiance et la clémence des peuples. L.

s'imagine que cela doit réussir encore. Mais le raisonnement est arrivé à paralyser cette force, l'a divisée, en a présenté une plus nombreuse, plus active et surtout plus audacieuse, quand elle est mise en action. Les faits d'ailleurs, et des faits incontestables, ont prouvé que l'armée des peuples est plus forte que celle des rois. Il ne s'agit donc plus pour ceux-ci de contraindre des sujets, mais de persuader des citoyens. Pour avoir méconnu cette vérité, les monarchies et les peuples sont aujourd'hui dans le plus grand danger.

Les ministres des monarques, immédiatement après avoir été témoins des prodiges opérés par l'opinion, ne se sentant pas assez forts pour violer tout à coup, et en même temps, tous les engagemens contractés avec elle, décidèrent qu'il fallait louvoyer, et remettre d'abord à d'autres temps l'exécution des promesses, jusqu'à ce que l'occasion se présentât de les annuler; ils s'engagèrent à agir uniformément, et à se prêter des secours mutuels, dans le cas où l'une des parties contractantes ne pourrait pas résister à la force de l'opinion. Ce n'est pas tout, ils voulurent encore se rendre juges de la conduite les uns des autres, et ces faux dieux eurent la présomption de dire aux souverains qui regardaient l'accomplissement de leurs promesses comme un devoir sacré, et qui croyaient que les réformes étaient exigées autant par leurs intérêts propres que par ceux de leurs maîtres, *non amplius procedes.*

Il y avait dans un pareil traité un attentat flagrant contre l'autorité de tous les rois. Chaque souverain doit être maître de ses mouvemens et de sa conduite. C'est le dégrader, que de lui spécifier ce qu'il doit faire, et le rendre comptable des ministres étrangers. C'était, à l'époque où un pareil acte a été publié, déclarer tous les princes des petits états justiciables des trois ministres des trois grandes puissances, qui seules forment la Sainte-Alliance.

Chaque souverain non seulement doit être maître de sa conduite, mais il doit encore trouver dans son propre pays, et dans les lois auxquelles il est soumis, comme tous ses sujets, dans les formes de gouvernement qu'il juge propre d'adopter, les moyens et la force nécessaires pour maintenir l'ordre et la tranquillité de ses états. S'il est forcé, soit par incapacité, soit par faiblesse, soit par des engagemens pris dans un congrès, à s'abandonner à des étrangers, à leur demander des secours, il n'est plus libre, il n'est plus roi, il n'est plus citoyen, et son histoire devient la fable du jardinier et de son seigneur.

Il était impossible que ces réflexions échappassent à la fois à l'attention de tous les princes, dont les intérêts étaient compromis par cet absurde arrangement, et que tous eussent assez peu le sentiment de leur dignité pour s'y soumettre. Il était impossible aussi que tous ces princes eussent une manière de sentir, de voir, de juger, identique ; qu'ils eussent tous le même caractère, et que tous portassent au même degré l'attachement pour les anciennes doctrines, et la passion du pouvoir absolu. Enfin, il était impossible que la force de l'opinion populaire, égale partout, présentât à tous les princes, ou mieux, à tous les ministres, les mêmes entraves et les mêmes inquiétudes. Ainsi ce grand projet attentatoire à la dignité des monarques, ne leur offrait même aucune réciprocité d'avantages, et ne put pas être exécuté.

Les souverains de la Bavière, de Baden, de Darmstadt, de Wurtemberg et d'une partie de la Saxe, ou par conscience, ou par prudence, acquittèrent en partie, les uns plus, les autres moins, les engagemens qu'ils avaient contractés envers leurs peuples; mais leur exemple ne fut pas suivi. Tous les autres souverains s'y refusèrent, mais ce refus même fut sans unanimité. Les uns étaient dilatoires et les autres absolus. La révolution triomphait donc sur quelques points; sur d'autres elle n'avançait pas, et enfin en d'autres endroits elle était repoussée. Mais il suffisait qu'elle triomphât quelque part, pour qu'elle enflammât les espérances de tous les peuples et les craintes de tous les ministres.

L'action des peuples est difficile; ils sont séparés. L'action des ministres est facile, ils sont unis. Les premiers sont nombreux, ils ne peuvent se communiquer rapidement leurs désirs et leurs besoins. Les seconds sont en petit nombre et leurs relations sont actives et constantes. Les premiers ne peuvent se mettre en mouvement sans bruit, sans une espèce de désordre qu'on aperçoit facilement. Les seconds se meuvent sourdement; ou, au fond de leurs retraites, ils attendent les commotions, comme les araignées, que les mouvemens de leurs toiles avertissent de la présence de leur proie. Enfin les mouvemens des premiers leur occasionent toujours de grands troubles, les exposent à de grands dangers, et quel que soit le résultat, leur font toujours éprouver des pertes, tandis que ceux des seconds en sont exempts. C'est l'or et le sang des premiers qu'ils risquent; et même quand ils succombent, ils obtiennent une sorte de succès : ils ont affaibli leur ennemi.

Tout l'avantage dans cette lutte est donc pour les gouvernemens; ils le savent; aussi ne balancent-ils pas à l'engager. Ils le firent et, comme si la France était désormais destinée à servir de prétexte et d'instrument à toutes les machinations des ministères étrangers, c'est en France qu'ils tentèrent l'attaque principale; et ils n'ont que trop réussi*.

Louis XVIII en rentrant en France en 1814, cédant moins à l'ascendant des lumières du siècle qu'en suivant le système politique qu'il avait médité depuis long-temps, avait donné au pays qu'il retournait gouverner une charte constitutionnelle, la plus libérale qu'un roi ait jamais accordée de son propre mouvement. Elle

* Et ils ne réussissent que trop encore, jamais l'influence des despotes du continent n'a été plus ressentie en France. La restauration du moins pouvait trouver dans son principe un voile pour la couardise et la honte. L...

comprenait tous les principes de la liberté individuelle et de la représentation nationale. Malgré quatre ou cinq articles qu'il aurait fallu omettre, parce qu'ils ne pouvaient que réveiller d'anciennes prétentions absurdes, et le défaut de développement de plusieurs autres, et en particulier de ceux sur la reponsabilité des ministres, cette charte, religieusement exécutée, pouvait faire le bonheur de la France, et expier le vice de sa donation, et de son acceptation par des hommes qui n'avaient plus de pouvoirs; car d'après la charte, dont la date fait partie, les membres du corps législatif de Bonaparte n'avaient point de pouvoir légal, puisque Louis XVIII ne les leur avait pas accordés; et dans le système contraire, c'est-à-dire où le règne de fait eût été reconnu, ces législateurs n'avaient plus de pouvoirs; puisque Bonaparte les avait dissous. Mais, je le répète, on eût passé sur cette première inconséquence.

Le caractère du monarque français, le courage qu'il a déployé dans l'infortune, les leçons qu'il a su y puiser, les intentions qu'il avait manifestées depuis long-temps, et dont j'ai été moi-même le témoin lorsque, me rendant à Saint-Pétersbourg, il m'engagea à le voir à Mittaw; tout me donne la conviction que ce monarque veut réellement tout ce que la charte promet. Mais entouré d'hommes dont les intérêts et les ambitions étaient lésés, forcé de leur accorder sa confiance, qu'ils ont indignement trompée, il laisse attaquer son ouvrage. Dès le moment où M. de Montesquiou y porta atteinte, en restreignant la liberté de la presse, en prouvant que *prévenir* était synonyme de *réprimer*, et que, pour rendre hommage à ses profondes connaissances de sa langue, on le nomma membre de l'Académie Française, je me suis dit : La révolution va continuer; l'ancre du vaisseau de l'état est perdue, gare la tempête !

Je passe sous silence les événemens subséquens, la seconde restauration, ses suites, la dissolution des introuvables qu'on retrouvera bientôt. J'arrive au ministère de M. Decazes, qui aurait pu être si avantageux à son pays, et qui cependant est la cause des dangers qui le menacent aujourd'hui. Une conduite ferme, une exactitude scrupuleuse à se conformer, sur tous les points, à la loi fondamentale ; l'abandon de toutes les lois d'exception qui la violaient, l'établissement des autorités municipale et administrative sur un plan plus conforme à la charte ; une bonne loi sur la responsabilité des ministres, voilà ce qui aurait mis la France à l'abri de tous les périls. Trois ans de pouvoir étaient bien suffisans pour ces travaux. L'auguste monarque qui honorait ce ministre non seulement de sa confiance, mais encore de son amitié, y eût applaudi, et les ennemis des nouvelles institutions, découragés, eussent bientôt été forcés de s'y soumettre. Au lieu d'agir ainsi, M. Decazes a cru devoir inventer un système qu'il a décoré du beau nom de modération et qui n'est que celui de la faiblesse. Il s'est tour à tour appuyé sur la gauche et sur la droite, et continue de manœuvrer ainsi, donnant quelques gages à l'un et à l'autre alternativement, de manière à faire désirer davantage à tous, à les irriter les uns contre les autres par la vicissitude des succès, au point qu'aujourd'hui dépouillé de la confiance des deux partis, et ne pouvant plus compter sur l'appui d'aucun des côtés, il va tomber sur son derrière.

Sous ce système, appelé, avec tant de justesse, système de bascule, les discussions devaient être aussi vives que les prétentions étaient grandes. L'un des partis, plaidant la cause de la nation, s'appuyait sur le peuple, et ne mettait aucune réserve dans ses expressions, aucunes bornes à ses désirs. Il avait le tort peut-être de demander à la fois et d'un ton trop haut des choses qui toutes étaient justes ; mais son exigence était le fruit de l'incertitude du ministre et des inquiétudes qu'il faisait naître. L'autre parti, évidemment celui du privilége, quoiqu'en employant les paroles sacramentelles *Liberté*, *Charte*, etc., etc., ne pouvait plus abuser personne sur des intentions conservées pendant vingt-sept ans, et qu'on aurait crues oubliées, si, deux fois, son indiscrétion, en arrivant au pouvoir, ne les avait signalées trop tôt, et ne l'avait fait repousser. Ce parti, n'ayant aucun appui dans la nation, dut en chercher un à l'extérieur. Aristocratique, il avait des alliances naturelles dans les pays étrangers, parce que, dans toute l'Europe, l'aristocratie n'ayant qu'un même intérêt appartient nécessairement au même parti, ne fait qu'un seul corps, ne marche qu'au même but. Les cris de l'aristocratie française, impuissante, retentit au cœur de l'aristocratie étrangère, qui dirige les cabinets; le spectacle de ce qui se passait en France, la force des organes de l'opinion publique, jeta l'alarme. C'était un exemple dangereux qu'il fallait faire cesser au plus tôt, et effectivement ils s'y décidèrent. C'est en vain qu'on voudrait le nier encore, il est constant que les attaques méditées contre les libertés françaises sont dirigées par les étrangers; et comme les débats de la tribune française faisaient triompher une cause européenne et même universelle, comme par la tribune, par l'universalité de la langue, et par la liberté très-restreinte de la presse, tous les citoyens instruits de tous les pays assistaient à ces débats, y puisaient de nouvelles lumières et y trouvaient une nouvelle force, il était de la plus grande importance d'empêcher ces débats, de rendre difficile l'accès de cette tribune et d'en étouffer les échos : de là l'attaque contre le système électoral actuel et contre la liberté de la presse.

Quand M. le duc de Richelieu réclamait des souverains étrangers l'éloignement de leurs troupes et la cessation de l'occupation, il aurait rendu un grand service à son pays en se bornant a dire aux ministres des grandes puissances : *Retirez vos soldats, nous avons rempli une partie de nos engagemens et nous vous donnons sécurité pour le reste;* mais il devait bien se garder d'entrer dans aucun système politique. Le caractère de M. de Richelieu repousse toute idée de machiavélisme et de fausseté; mais, en même temps, la faiblesse de ses moyens moraux devait le rendre facile à duper. On lui parla de la place que la France devait occuper parmi les grandes puissances; son amour-propre et un amour mal entendu de son pays lui cachèrent le piége. A une autre conférence la phrase se répète avec un changement de mots que, tout plein des illusions de la veille, il ne remarque point, on subtitue *Sainte-Alliance* à *grandes puissances* : on signe; et on accorde ensuite des honneurs à M. le duc de Richelieu sous prétexte qu'il a replacé la France sur la première ligne des états, tandis qu'il l'a enveloppée dans de nouveaux liens; qu'il a mis cette monarchie constitutionnelle à la suite de trois monarchies militaires, dont il fallait tôt ou tard qu'elle adoptât les principes ou suivît les ordres. Cela était facile à prévoir, à réparer peut-être, on ne l'a point fait et on en subit la peine.

Les mesures annoncées et réclamées, depuis le commencement de la session des chambres, sont les résultats nécessaires des intrigues du parti qui voulait la prolongation de l'occupation de la France, du traité conclu alors avec le duc de Richelieu, et des manœuvres de l'aristocratie européenne. Déjà l'effet de ces mesures est d'alarmer la nation française sur la conservation de tous ses droits acquis. Le plus grand malheur qui puisse arriver à un gouvernement, c'est certainement de perdre tout titre à la confiance nationale, et c'est ce que fait le gouvernement français. Ce n'est rien encore pour une nation que de perdre toute croyance dans les vues et dans les paroles de son gouvernement, parce que ce gouvernement n'est réellement que le ministère, et qu'elle en peut changer ; *mais inspirer des doutes sur les intentions du chef de l'état, réclamer, en son nom, la violation des lois fondamentales établies par lui-même ; du nouveau pacte présenté par lui-même, comme devant être, par la suite, son titre et celui de sa famille à la couronne, et comme le lien de l'obéissance des sujets, c'est là ce qui est infiniment plus mal et plus dangereux, et il faudrait livrer aux derniers supplices les hommes qui déchirent ainsi les droits des souverains et des nations, qui en rompent tout les liens* *.

* Ces hommes dignes *des derniers supplices* sont aujourd'hui à la tête des affaires. Comparons ce qu'ils font avec ce qu'ils faisaient, et nous pourrons en déduire le sort qu'ils préparent à la France. Je crois que ce qu'on pourrait faire de mieux, et en même temps il y aurait

La France est mécontente avec raison, mais elle aurait tort de rejeter sur le monarque le blâme que ses ministres ont mérité. Il est si facile d'abuser un prince, quelque éclairé qu'il soit, forcé de s'en rapporter à ceux qui lui ont paru mériter sa confiance ; comment peut-il connaître le véritable état des choses et de l'opinion ? Toutes les avenues particulières de la vérité sont bloquées si complétement par des préjugés incorrigibles et par des intérêts puissans, que, si quelque chose a droit d'étonner, c'est que la sagesse et la pénétration du roi ne l'aient pas laissé entraîner plus loin par l'impéritie ou les sophismes de ses ministres.

Les circonstances présentes, quelque menaçantes qu'elles soient, laissent cependant encore quelques motifs d'espérance, et le premier de tous, c'est le renvoi du ministère actuel. Ce n'est pas seulement d'après des principes de justice et de politique, parce que ces ministres gouvernent mal, que leur déplacement est réclamé, c'est encore d'après les usages parlemen-

---

justice, ce serait de les envoyer au château de Ham, et de replacer au ministère les personnes qu'on y retient aujourd'hui. L.

taires des états constitutionnels; usages que, malheureusement, les députés de France ne connaissent pas assez, et dont les ministres eux-mêmes repoussent l'établissement.

Un ministère qui a proposé et fait accepter des lois, qui lui-même après leur établissement les a défendues contre une attaque formidable, que ces lois soient bonnes ou qu'elles soient mauvaises, ne doit jamais être admis à provoquer lui-même leur abolition; car cette abolition doit être motivée sur l'injustice ou le danger de ces lois, et le ministère qui les a proposées, ayant déjà donné, par leur présentation, une preuve ou de son ignorance ou de son imprévoyance, n'a plus droit à la confiance. Ces ministres, en dénonçant eux-mêmes leurs fautes, leurs erreurs, avertissent qu'ils ne peuvent garantir l'efficacité de leurs travaux ni leurs avantages, et que, par conséquent, ils ne sont pas capables de tenir d'une main juste et sûre les rênes de l'état.

Ce principe est tellement reconnu en Angleterre, qu'un ministre qui réclamerait, de son propre mouvement, l'abolition d'un bill passé sur sa motion, tomberait sur-le-champ étourdi par tous les sifflets des trois royaumes. Sans doute on y fait de mauvaises lois, moins il est vrai et bien moins mauvaises que partout ailleurs; mais leurs auteurs n'ont pas la fausse modestie de s'en rendre les dénonciateurs. Aussi regarde-t-on avec une surprise extraordinaire les démarches du ministère français, et a-t-il perdu toute considération dans ce pays-ci.

La ressource qui reste à la France, en ce moment, c'est la chute du ministère; et cette chute, quels que soient les hommes qu'elle amène au pouvoir, ne peut que produire des résultats avantageux. Il n'est pas probable que le parti libéral gagnera au changement: ce ne sera point entre ses mains qu'on remettra les hautes fonctions du gouvernement: le parti aristocrate a plus de chances en sa faveur, et il vaut mieux qu'il fasse aujourd'hui, pour la dernière fois, l'essai de ses plans et de ses forces, que de rester dans l'incertitude où la France est, depuis trois ans, retenue par des ministres sans opinion. Si on continuait à gouverner d'après leur système, on suivrait les mêmes erremens, et, après les sacrifices faits à l'aristocratie, elle acquerrait bientôt de nouvelles forces et finirait par renverser tout ce système, pour se mettre à sa place, quand, à sa faveur, elle aurait occupé les emplois de l'administration. Arrivée à ce point, on sait assez la route qu'elle suivrait : le roi et la nation gémiraient dans un esclavage commun *.

Tel est le tableau que me présente l'état de la France, et il me semble qu'il n'y a que la sagesse du roi qui puisse délivrer son pays du présent et de l'avenir. Il peut compter sur l'immense majorité des Français dans cette noble entreprise. Déjà d'une extrémité à l'autre de l'empire tous lui auraient adressé leurs prières et l'hommage de leur confiance, s'ils le pouvaient : je m'étonnais même qu'ils ne l'eussent pas fait déjà, mais

* Heureusement les rois s'en vont, et on se guérit de la manie de les remplacer. Je lisais dernièrement, dans Montaigne, le discours de Laboetie sur la servitude et la liberté, je m'arrêtai pour méditer le passage suivant : « Il y a trois
» sortes de tyrans. Les uns ont le royaume par l'élection du
» peuple, les autres par la force des armées, les autres par
» la succession de leur race. Celui à qui le peuple a donné
» l'état, devrait être, ce me semble, plus supportable, et le
» serait comme je crois, n'était que dès lors qu'il se voit élevé
» par dessus les autres, en ce lieu, se flatte de n'en point
» bouger. Communément celui-là fait état de la puissance
» que le peuple lui a baillée, de la rendre à ses enfans. Or
» dès lors qu'ils ont pris cette opinion, *c'est chose étrange*
» *de combien ils passent en toutes sortes de vices, et même*
» *en la cruauté, les autres tyrans.* » L.

le tableau de toutes les branches de l'administration et de la hiérarchie des employés a fait cesser mon étonnement. Jamais nation n'a été ainsi enveloppée de liens. Combien la France doit maudire cet homme extraordinaire qui, pour prix de tout ce qu'elle a fait pour lui, ne lui a donné et ne lui a laissé que la mécanique, que les rouages tout complets, tout graissés du despotisme le plus terrible que la perfectibilité de l'esprit humain a pu concevoir! Si jamais la contre-révolution s'en emparait, il faudrait désespérer de la France, qui ne serait plus qu'une oligarchie, despote du prince et des peuples. N'est-ce pas avec raison qu'on s'allarme?

Le résumé de toutes les observations précédentes, c'est que, la France est, en ce moment, dans un état de crise; que comme au commencement de la révolution, deux partis sont en présence, les amis de la liberté et de l'égalité légale, et les amis des priviléges; que, comme au commencement de la révolution, les seconds s'appuient sur l'étranger, et que la seule différence qu'il y a, c'est qu'aujourd'hui, ceux-ci veulent reconquérir tout ce qu'ils ont perdu et qu'ils n'auraient jamais dû avoir, en arrachant aux premiers ce qu'ils ont acquis et qu'ils doivent conserver ; c'est enfin le privilége qui attaque, tandis qu'alors il se défendait.

Examinons maintenant tour à tour toutes les puissances de l'Europe et revenons à l'Allemagne que nous avons abandonnée pour nous occuper de la France.

Les états qui n'ont pu obtenir des ministères les constitutions promises par les souverains, doivent souffrir le joug qu'on fait peser sur eux, avec d'autant plus d'impatience, que, au-delà de leurs limites, ils voient leurs frères plus heureux, soumis à des lois, mais aussi protégés par elles. Des hommes d'une origine commune, ayant les mêmes mœurs, les mêmes habitudes, le même langage, ne conçoivent pas facilement que le cours d'une rivière, une montagne, une forêt, doive les désunir, les rendre étrangers, et surtout qu'esclaves sur une rive, ils doivent voir sans envie l'homme libre qui féconde l'autre. Les peuples de l'Allemagne, naguère appelés à la défense de la patrie, qu'on les invitait à rendre indépendante de l'étranger, pour ne la soumettre ensuite qu'à des lois constitutionnelles, ne pouvaient voir violer ces engagemens sacrés, sans tenter d'arrêter ces violations. Leurs réclamations furent réprimées, leurs plaintes étouffées, souvent même punies. On cessa de les entendre ; mais elles ne cessèrent pas pour cela. Ce qu'on ne peut pas dire ouvertement sans danger, on le dit dans le secret, et il acquiert, par cela même, plus d'importance. Le mystère dont on est contraint de s'envelopper est un mal de plus ajouté à celui qu'on a déjà. On passe rapidement de la plainte au désir de se délivrer ; on en médite les moyens, on les fait approuver, on s'unit pour les mettre à exécution, en un mot on forme des sociétés secrètes, un *Burschen-Bund*.

Tous les journaux nous parlent, tous les jours, de cette association et la représentent sous les traits les plus effrayans. Mais tous ces journaux ne peuvent que répéter les accusations des gouvernemens. Aucun ne peut démentir ces accusations autrement qu'en disant que l'association n'existe pas. Pour moi, je pense qu'elle existe, que toutes les universités de l'Allemagne en sont le foyer ; que les professeurs les plus distingués en sont les chefs ; que non-seulement les étudians actuels de ces universités, mais encore les anciens élèves, en forment la masse : j'admets cette première partie du rapport qui l'a dénoncée, et déjà je suis forcé de combattre les conséquences qu'on en tire, car la partie la plus éclairée des différens peuples d'une même nation, ne peut pas se réunir dans des vues aussi coupables que celles qu'on lui prête.

Le gouvernement prussien, qui a donné l'alarme sur cette société, annonce qu'il a découvert la vaste conspiration qu'elle méditait et qui n'était rien moins que de renverser tous les trônes et de réunir toute l'Allemagne en une seule république. Ce gouvernement, sur ce thème général, arrange tous les plans, tous les moyens qu'il suppose avoir pu être adoptés pour parvenir à ce but, et puis il arrête, il destitue et il exile. Voilà en masse ce qu'on nous donne. Examinons maintenant ce que nous pouvons adopter dans tout cela.

Le roi de Prusse et tous les princes de l'Allemagne ont promis des constitutions libérales, et ils sont pressés d'accomplir leurs promesses, par des peuples qui ont fait l'essai de leurs forces. Les ministres ne veulent pas se soumettre à ces engagemens, que le roi de Prusse lui-même, et la plupart des princes, sont disposés à accomplir. Comment s'y prendre pour engager les princes à autoriser, à ratifier les refus de leurs mnistres? Si on parvient à les épouvanter de ces idées libérales, auxquelles ils ont dû leur délivrance, si on peut les leur montrer comme ne voulant rien moins que briser tous les sceptres, écraser toutes les couronnes; si, à l'appui de ces insinuations, on peut citer quelques écrits imprudens de quelques savans, des discours exaltés de quelques professeurs et des actes d'insubordination de quelques élèves, ou, ce qui vaut bien mieux encore, un grand crime isolé, qu'on rattacherait aux principes de l'association; si enfin on peut ajouter à cela, que le don d'une constitution enflammerait ces idées de liberté, déjà trop effervescentes, et qu'il n'y a plus rien d'assuré dans l'état si on leur donne cours, n'est-il pas évident que le prince alarmé approuvera tout ce que proposeront les ministres; que même il leur ordonnera de se concerter avec les ministres des autres princes, pour agir de concert, dans un danger qui les menace également ; qu'allant plus loin, ces princes réunis voudront faire rétracter ou du moins modifier les constitutions accordées déjà, et feront un congrès de Carlsbad? Quoi qu'il en arrive, ces ministres sont à l'abri de tout: les peuples seront indignés, mais les rois et les princes étant absolus, les ministres diront qu'ils sont forcés d'obéir à leurs maîtres; ce sont les princes qui, dans cet état de choses, sont responsables : leurs conseillers sont inviolables. Que ne doivent-ils pas faire pour conserver une si belle manière d'être?

C'est déjà beaucoup, dans la question qui nous occupe, d'avoir trouvé que des ministres ont intérêt non seulement à faire croire à l'existence d'une grande conspiration, mais même à susciter des mouvemens qui en aient l'apparence; car alors on a quelque raison de penser ou que cette conspiration n'existe pas, et que ce n'est qu'un prétexte dont on tire un grand parti, ou que, si elle existe, on a dû évidemment en exagérer l'étendue et le but.

Rien ne m'a persuadé encore que le *Burschen-Bund* ne soit qu'une association de conjurés. Mais je ne me dissimule pas que cette association, quelque patriotique, quelque vertueuse qu'elle soit en ce moment, ne puisse à l'avenir être dangereuse. Il y a loin certainement des comités de correspondance et du club Breton de 89 avec les clubs des jacobins; et cependant la distance qui les séparait a été parcourue dans très-peu de temps; où, pour mieux dire, à l'ombre de ces réunions, s'en sont élevées d'autres qui les ont supplantées, qui les ont anéanties, et qui ont déchaîné tous les maux sur la France. Il eût été bien facile, dans le temps, et je me le rappelle avec douleur, de prévenir la puissance des jacobins. Le gouvernement avait tous les pouvoirs nécessaires pour les arrêter dès leur apparition; mais il ne l'a pas fait. Était-ce défaut de sagesse, de prévoyance ou de fermeté? Était-ce mépris ou indifférence? Était-ce calcul? C'était tout cela réuni. Des ministres ont osé avouer que les excès les replaceraient dans la plénitude du pouvoir; on a laissé aller les jacobins; ils ont organisé leurs assemblées, régularisé leur marche, donné une force imposante à leurs principes atroces et renversé la monarchie et la liberté. On conçoit facilement le parti qu'on peut tirer aujourd'hui de la citation de cet exemple, contre toutes les réunions qu'elles qu'elles soient, et on ne s'étonne pas que les ministres de l'Allemagne proclament que le *Burschen-Bund* est la matrice des jacobins de la Germanie.

Il ne faudrait même pas aller si loin, pour trouver des dangers dans cette association. Il suffirait de garder la modération, et de considérer, sans passion et sans préjugés, l'état actuel de l'Allemagne. Les peuples sont malheureux et mécontens; ils ont été déçus dans leurs espérances. Ces peuples avaient été soulevés de leur assoupissement par les écrits des savans et des professeurs, et entraînés aux combats par la jeunesse enthousiaste et valeureuse des universités. Il est donc naturel que ces peuples aient conservé une haute idée de ces savans, de ces professeurs et de cette jeunesse; que leur reconnaissance les attache à ces hommes qui ont donné l'exemple d'un si grand courage, d'un si généreux dévouement, et que l'association de ceux-ci, devienne, par la suite encore, le directoire de ceux-là. La direction, qu'elle soit bonne ou qu'elle soit mauvaise, doit déplaire aux ministères qui veulent être les seuls directeurs, et leur présenter assez de dangers, sans qu'on y ajoute des desseins criminels.

Un autre danger de cette association, qui naît encore de l'état actuel de l'Allemagne, c'est qu'elle peut offrir des moyens puissans aux princes médiatisés qui, en s'alliant à elle, pourraient en devenir les chefs, et reconquérir l'influence dont la Sainte-Alliance les a dépouillés. Ces princes aussi ont quelque raison d'être mécontens: la déchéance prononcée contre eux doit leur laisser de vifs ressentimens, et les rendre peu propres à fortifier le pouvoir absolu des ministres de princes dont ils ne sont que les premiers sujets, et dont ils peuvent devenir les premières victimes.

Pour échapper à tous ces dangers, quelles mesures emploient les gouvernemens? Les voici: 1° On s'occupera de l'organisation d'états provinciaux qui tiendront lieu de toute autre institution constitutionnelle. Cette organisation sera uniforme pour tous les états de la confédération germanique. 2° Un tribunal germanique sera établi à Mayence, et là, seront cités, amenés, jugés, condamnés et exécutés tous les réfractaires à des institutions si sages et surtout si libérales!

L'exécution de la première partie de ce plan lumineux, conçu à Carlsbad par les ministres des deux principales puissances de l'Allemagne, l'Autriche et la Prusse, ne me paraît pas aussi facile que l'ont cru sans doute ces sages diplomates. Il faudra d'abord que les souverains qui, par conscience, par séduction, ou par faiblesse, ont reconnu déjà les droits de leurs peuples, et qui leur ont donné des constitutions libérales et des gouvernemens représentatifs, abjurent des opinions dont il se sont fait honneur, annulent tout ce qu'ils ont fait, et partagent leurs petits domaines en petits lots, pour pouvoir y établir des états provinciaux, sinon ils seront hors de l'uniformité indispensable à l'existence de la confédération germanique ; on les citera à la diète suprême de Francfort, qui remplira les fonctions de jury d'accusation, et de là on les enverra condamner à Mayence. Ce système n'est-il pas admirablement absurde ?

Il est possible que la formation d'états provinciaux convienne parfaitement à l'Autriche, du moins à son gouvernement, puisque sa domination s'étend sur quatre, même sur cinq nations, l'allemande, la bohémienne, la hongroise, l'illyrienne et l'italienne, qui différant entièrement par leur génie, leurs mœurs, leurs idiomes, ne peuvent avoir que des représentations par états, c'est-à-dire quatre ou cinq, sans représentation centrale et unique, puisque ces nations n'ont de point de réunion que dans le gouvernement, et qu'elles ne peuvent avoir d'unité que celle du souverain. La division si favorable au despotisme est établie, dans cette monarchie, par la nature même : aussi ces états provinciaux y laisseraient les choses, jusqu'à un certain point, *in statu quo*.

Une partie de ces réflexions pourrait, à la rigueur, s'appliquer à la Prusse, dont les états, composés de pièces rapportées, n'offrent aux yeux, sur la carte, que des bandes qui se touchent par les coins, et qui, loin de tendre à un centre commun, n'ont même pas l'air de tenir l'une à l'autre; mais alors ces états provinciaux, quelques souples qu'on les suppose, quelque assujettis qu'ils se montrent aux volontés des ministres, ne feront que maintenir la séparation existante déjà entre toutes les provinces, et la Prusse, au lieu de présenter jamais un corps solide et identique, s'offrira toujours comme un composé de lambeaux. Si le monarque prussien veut donner à la monarchie dont il est le chef, et aux états qu'il gouverne, l'ensemble, l'unité, la force et la perpétuité dont il a besoin, il n'a qu'à les constituer, qu'à établir une représentation universelle et centrale, qui enchaîne tout au centre du gouvernement; mais s'il veut ne pouvoir compter sur la conservation d'aucune de ses provinces, s'il croit nécessaire que le sort de la monarchie continue de dépendre du résultat d'une bataille, comme on l'a vu récemment à Iéna ; il n'a pas besoin même de se donner des états provinciaux pour l'y aider, il lui suffit de rester comme il est, de regarder son armée comme son royaume, et d'administrer par l'exercice.

L'établissement d'états provinciaux chez le reste des princes de la confédération germanique remplira-t-il les vues des ministres et l'attente des peuples? Certainement non! tant qu'un seul des princes maintiendra la constitution qu'il a donnée, tous les peuples qui n'en ont point feront tous leurs efforts pour en obtenir. Déjà l'annonce des résolutions de Carslbad, et l'idée d'être soumis à un tribunal Weimique pareil à ceux qui les opprimaient dans les siècles ténébreux des Othon et des Henry, a excité l'indignation des peuples. Le foyer de lumières de notre siècle est trop ardent, la passion de la liberté, disséminée aujourd'hui partout, et développée par le raisonnement, a trop d'énergie, pour que les peuples se soumettent patiemment à un système qui ne les réunirait en corps de nation que pour river leurs fers.

Le caractère de l'Allemand est solide, confiant, lent à émouvoir, mais très-ennemi de l'oppression, très-violent quand il aperçoit la perfidie ou le despotisme, sous quelque forme qu'on les lui présente : son flegme se change en fureur, sa constance se tourne en frénésie. Parcourez son histoire, développez les horreurs de ses guerres intestines, politiques et religieuses, et prévoyez de quoi il serait capable, aujourd'hui que, plus instruit, et ayant moins de préjugés que la plupart de ces chefs imprudens, il a fait un grand essai de ses forces, et que cet essai a été heureux.

On doit donc s'attendre à une résistance obstinée, de la part de ces peuples, contre les souverains, s'ils entreprennent de les soumettre à un système aussi illibéral. Cette résistance a été prévue par les ministres qui ont constamment compromis leurs maîtres. Ils ont prévu qu'ils ne pourraient exécuter leurs projets que par des violences, puisqu'ils ont commencé par des menaces ; mais qu'ils y prennent garde, dès les premiers actes de rigueur la guerre civile peut éclater : la révolution commence, et une révolution commencée est une revolution finie.

De quel côté viendraient les secours, si cette lutte, qui serait horrible, s'établissait, par suite de ces mesures, entre les peuples et les gouvernemens ? La Suède n'y pourrait certainement pas intervenir, la forme même de son gouvernement s'y opposerait, si la position de Charles-

Jean ne suffisait pas pour réunir tous ses soins dans les mesures propres à établir et à perpétuer son autorité. Le Danemarck est sans influence politique et sans pouvoir militaire. Il aurait beaucoup de sacrifices à faire et rien à gagner, en se mêlant de ces querelles; on n'a pas pu par conséquent penser à l'assistance de ces deux états.

La France, l'Autriche, la Russie et l'Angleterre sont les seules puissances capables de mettre de grandes forces en mouvement, et qui peuvent avoir inspiré quelques espérances de secours aux gouvernemens contre les peuples de l'Allemagne. Voyons donc si ces espérances sont fondées. La France, dans l'état où elle est, et comme on l'a vu tout à l'heure, est hors d'état de donner aucune assistance aux ministères étrangers. Son roi seul peut leur offrir le secours de ses conseils, intervenir comme médiateur, et demander à tous les princes en faveur de leurs sujets les concessions qu'il a faites lui-même, mais c'est tout ce qu'il pourrait faire. Le ministère français n'oserait point se déclarer, et pressé d'un côté par le parti aristocratique, de l'autre par le parti populaire, il garderait la neutralité. Quant à la masse de la nation, elle serait décidément contre eux; et ils le savent si bien, qu'ils ont sollicité les mesures qui doivent comprimer ses mouvemens et étouffer sa voix. Ces sollicitations trop bien accueillies, reçues (et peut-être adressées) comme des ordres, mettent même la France dans l'impossibilité absolue de rien entreprendre en leur faveur, puisqu'elles ont fait recommencer avec une nouvelle force le combat entre le peuple et le ministère, entre l'égalité légale et le privilége. Il suffirait, pour terminer cette lutte en France, par l'anéantissement complet du privilége, que la même lutte s'engageât de l'autre côté du Rhin, et alors ce ne serait pas aux ministères, mais aux peuples que la France offrirait des secours. Cette cause est trop contraire à l'esprit de ses institutions, elle est trop odieuse à l'âme des Français pour qu'ils l'embrassent. La sagesse de son roi l'en garantit encore, et il faudrait que l'aristocratie fût, en France, maîtresse absolue du prince et de son peuple, pour l'entraîner à une telle entreprise.

L'Autriche aurait bien des velléités d'intervenir, mais elle a aussi des intérêts et des occupations qui sauraient bien l'en distraire. D'abord il lui faut des forces considérables, pour maintenir, dans une dégradante soumission, ses provinces d'Italie, qui gémissent sous le joug et n'attendent que le moment de le briser. Il n'est pas à présumer que ces peuples, après tant de vicissitudes, après toutes les calamités dont ils ont été victimes, parce que toujours le triomphateur du moment les a enchaînés à son char, perdraient l'occasion qui se présenterait de reconquérir leur existence politique, de se réunir tous sous un même gouvernement, et d'exister enfin, sur le sol le plus favorisé, sous le ciel le plus beau, par eux-mêmes et pour eux-mêmes. Les possessions allemandes de l'Autriche l'obligeraient aussi à y maintenir des forces considérables, pour y comprimer cet amour des institutions libres qui y germe, comme partout ailleurs, et que l'exemple y introduirait, quand même il n'y existerait pas. Lui resterait-il, après avoir pourvu à ces soins, assez de troupes et assez d'or pour offrir des secours aux autres gouvernemens, exposés à des dangers plus imminens? C'est ce que je ne crois pas : et, quand même elle le pourrait, je ne pense pas que l'envie lui en vienne sitôt, car l'inquiétude que lui cause l'augmentation du pouvoir de la Prusse l'engagerait à l'abandonner à ses propres efforts, à moins qu'elle y pût attraper quelque chose autre que des coups, et je n'en vois point la possibilité.

La Russie seule pourrait envoyer au secours des ministères attaquans ou attaqués. Là il n'est pas question de réclamer et d'obtenir des constitutions. A la voix d'un homme, des masses s'élancent et exécutent les ordres qui leur sont donnés. Une seule chose pourrait les arrêter : c'est l'homme même qui peut les mettre en mouvement et au nom duquel on les ferait agir. Alexandre, qui a pu voir avec quel enthousiasme on a célébré ses vertus, quand il réclamait la liberté des peuples, quand il étonnait l'Europe par sa modération et par l'élévation de ses idées, quand il la charmait par sa bonté, en voyant cesser tout à coup ce concert d'éloges qu'il avait si bien mérités, s'apercevra qu'il est entraîné par des ambitieux, loin du sentier qu'il s'était frayé lui-même, et dans lequel il marchait aux applaudissemens universels. Il écartera de ses conseils ceux qui ont osé rétracter les paroles de liberté qu'il convient si bien à un roi de prononcer, et lui-même il obtiendra de l'obstination des ministres, des concessions qu'il a regretté lui-même de ne pouvoir faire à ses peuples encore trop peu avancés dans la civilisation.

Si ces espérances sur le caractère personnel d'un grand monarque étaient déçues, si ses ministres conservaient sur lui l'influence que tous ont voulu perpétuer sur leurs maîtres, par leurs congrès et leur alliance, alors il en résulterait une guerre sanglante qui finirait ou par le triomphe de la liberté, et alors l'effusion de sang aurait été un crime inutile, ou par l'asservissement de tous les peuples au fer des Russes, ce qui deviendrait la source de nouvelles guerres qui ravageraient long-temps l'Europe.

L'Angleterre ne se déclarera certainement pas la protectrice des ministères contre les peuples. La politique qu'elle a adoptée, après les grands événemens dont elle a long-temps supporté le poids, ne saurait être approuvée, parce que ses plénipotentiaires, soit par imprévoyance, soit par faiblesse, ne l'ont pas maintenue au rang qu'elle avait acquis. On ne saurait assez déplorer la funeste condescendance qui lui a fait accéder à toutes les mesures proposées par les ministres des trois puissances. L'abandon à l'Autriche des plus belles parties de l'Italie, qui lui permettent de dominer tout le reste, et qui mettent le cabinet autrichien à même de frapper l'Angleterre par Naples et la Sicile; le refus de faire maintenir, dans ce dernier royaume, la constitution que le brave et sage lord William Bentinck lui avait assurée, et que l'Autriche condamnait; la confiscation de Venise et de Gênes, tout porte l'empreinte d'une faiblesse bien inconcevable, de la part du premier ministre d'une puissance qui avait fait de si grands efforts et qui avait montré tant de constance.

Cette conduite a été trop vivement reprochée au ministère, elle a été le sujet de trop et de trop justes accusations, pour que le gouvernement anglais se permette d'y persister. La seule chose qu'on pourrait obtenir de lui, c'est la neutralité. Que la conduite qu'il tient en Hanovre ne fasse pas illusion, et qu'on ne la regarde pas comme un engagement de se traîner sur les pas des ministères influens de la confédération germanique! L'intérêt de l'Angleterre sera toujours la règle de la politique du gouvernement de Hanovre, et comme cet intérêt n'est pas de se mettre à la suite du despotisme, comme l'Angleterre, depuis les princes jusqu'aux moindres citoyens, sait que tous ses avantages présens et tous ceux de l'avenir ne viennent et ne peuvent venir que de la liberté, le ministre directeur du royaume de Hanovre, quelles que soient d'ailleurs ses liaisons et ses engagemens, sera bientôt forcé d'établir lui-même le système constitutionnel; parce que L'Angleterre n'a pas de plus noble moyen d'influence en Allemagne, que de se mettre en première ligne des états constitutionnels. Déjà ses ministres s'en aperçoivent, un peu tard sans doute, mais assez à temps pour que le mal ne soit pas irréparable.

Ainsi, dans la lutte entre la liberté et le despotisme, entre les peuples et les ministères, ceux-ci n'ont point de secours à espérer les uns des autres, puisque tous auront à combattre, de toutes leurs forces, contre les mêmes ennemis, qui les occuperont trop pour leur permettre de s'étendre à des soins extérieurs, et que la seule puissance qui puisse leur offrir l'appui de ses masses armées, ne les mettrait en action, dans le but de secourir les ministères attaqués, qu'en les exposant, ainsi que leurs peuples, à un asservissement commun aux lois émanées du Nord.

L'Allemagne, échappée à l'humiliante domination de Bonaparte, peut-elle penser à se soumettre à la domination plus dégradante encore d'un peuple qui n'est pas sorti de la barbarie, et qui la réduirait à l'état de colonies russes?

Voilà ce que tous les ministères doivent se demander; et comme cette question doit les remplir tous d'indignation et être repoussée immédiatement, il leur reste à examiner s'ils sont capables de lutter seuls contre les peuples, et, dans le cas où ils auraient la certitude de le pouvoir, s'il ne vaudrait pas mieux éviter cette lutte, en remplissant les engagemens contractés, en donnant le spectacle d'une alliance générale des gouvernemens avec les peuples, alliance bien plus solide et bien plus sainte que celle de quelques rois et de quelques ministres entre eux.

Si ces réflexions étaient présentées aux princes eux-mêmes, ils prendraient bientôt la seule détermination qui convienne à leur honneur, à leur bonheur, à leur stabilité. Aucun d'entre eux ne s'y déciderait plus vite, et avec plus d'avantage, que le roi de Prusse; car c'est à lui surtout qu'il appartient de se mettre, en donnant un grand exemple, à la tête des peuples libres de l'Allemagne. C'est lui que la nature des choses, dans les circonstances actuelles, indique pour être le chef de la confédération germanique dans cette seconde réformation : C'est là sans doute ce que craignent les ministres de l'Autriche et ceux de la Russie, qui prévoient la grandeur à laquelle arriverait la monarchie prussienne, en suivant un pareil système; mais est-il bien, de ce prince, de sacrifier ainsi sa gloire et les avantages de sa couronne à l'obcurantisme et au despotisme de ses ennemis naturels?

Mais ce que ferait ce prince si estimable, dont la bonté, la douceur et la justice sont universellement reconnues, ses ministres sans doute ne le voudront pas faire; ils persisteront dans leur système, continueront leurs poursuites contre les savans, les professeurs, les universités et la presse : la presse surtout, cette hydre que leur fragile massue ne saurait atteindre et dont les têtes, renaissantes constamment, ajouteront constamment aux dangers des gouvernemens absolus. Les persécutions contre le *Burschen-Bund*, ne paraîtront que des actes de tyrannie, parce qu'elles émaneront d'une autorité qui ne voulant souffrir aucun frein, confond, dans les mêmes condamnations, tout ce qu'elle rencontre d'obstacles, soit qu'ils viennent de la vertu, soit qu'ils viennent du crime. Alors l'opinion publique, reine d'un siècle où les peuples sont une puissance, protégera ceux en qui elle ne verra que des martyrs de la liberté, et l'association n'en prendra que plus de force et d'extension. Le recours à la force sera dès lors l'unique moyen de gouvernement; l'instrument de cette force, l'armée sera employée; elle agira d'abord; mais enfin, elle ploiera : car, aujourd'hui, une voix puissante retentit dans toutes les consciences. *Anathème contre quiconque tourne ses armes contre ses concitoyens** !

Je quitte l'Allemagne, et je vais présenter quelques courtes réflexions sur la Russie qui me paraît devoir aujourd'hui fixer les regards de tous les hommes d'état. Est-il vrai que de cet empire dépende à présent le sort de toute l'Europe continentale? Des écrivains l'ont publié, et, en même temps qu'ils ont suscité des inquiétudes chez les nations qu'ils prétendent menacées, ils ont sans doute inspiré au gouvernement russe une confiance exagérée dans ses forces et son influence. Le gouvernement de la Russie est certainement le plus despotique de

---

* Je viens de relire la lettre où se trouvait presque tout ce passage, et surtout cette fin; en me rappelant à qui elle était adressée, et en me retraçant les scènes de carnage qu'on a si souvent renouvelées depuis quatre ans, j'ai admiré combien de bons préceptes profitent à certains esprits. L.

tous ceux qui existent en Europe, et peut-être il est en même temps le moins tyrannique pour ses peuples : car le mal que ces peuples endurent, c'est *l'esclavage*, et *l'esclavage* n'y vient pas du gouvernement, qui voudrait le faire cesser et qui ne le peut pas, mais de l'état encore barbare de la société dans ces vastes contrées. Les craintes que la Russie inspire à l'Europe viennent des forces militaires immenses que le gouvernement a à sa disposition, et qui, dit-on, menacent constamment l'Europe du renouvellement de ces anciennes invasions qui en ont tant de fois changé la face. Il est juste, en répondant à ces inquiétudes, de présenter d'abord, comme garanties, le caractère personnel de l'autocrate de ce vaste empire. C'est la révolution française qui a amené les Russes jusqu'en Suisse et en Italie, et il est probable que, sans la folle témérité de Bonaparte, ils n'eusssent plus pensé à recommencer de ces expéditions lointaines qui n'avaient pas répondu à leur attente. C'est Bonaparte qui a forcé Alexandre à ce grand déploiement de ses forces. Cependant aucun des souverains n'a montré autant de modération dans la victoire, après la chute de son ennemi. J'ai eu moi-même l'honneur d'entendre, de sa bouche, ses vues pour l'avenir*, et jamais souverain heureux, à son âge, avec d'aussi grandes armées, n'a exprimé des opinions aussi libérales, des intentions aussi philanthropiques. La seule ambition qu'il ait manifestée, c'est de reporter aux peuples qu'il gouverne tous les bienfaits, tous les avantages de la civilisation. J'ai lu dans son âme et j'ai été rassuré. Sa jeunesse lui promet de longues années, et, tant qu'il sera lui-même, on ne peut en attendre que du bien.

Une seule chose qui, en elle-même, est une vertu, est peut-être, en lui, un défaut. Il n'est que trop commun de voir des souverains qui se croient supérieurs en tout et à tout. Alexandre au contraire se défie de lui-même, et aime non seulement à exprimer ses opinions, à les sou-

---

* Dumouriez qui avait vu Alexandre à Pétersbourg en 1800, le revit à Londres en 1815. Il est certain qu'à cette époque ce prince avait les intentions les plus libérales, et exprimait assez ouvertement son peu d'espoir dans la restauration, et son mécontentement sur la marche qu'elle suivait. Il disait à Dumouriez : « *Le duc d'Orléans est le seul de la famille qui soit de son époque : mais il ne peut être question de lui qu'à son tour, et c'est fâcheux.* » Nous pensions de même alors ; nous voyons maintenant quelque chose de plus fâcheux. L.

mettre aux jugemens des autres, mais encore à en faire le sacrifice pour peu qu'il y trouve des défauts. Cette défiance de lui-même, et l'estime qu'il accorde à tous ceux qui ont une réputation de talent, sa déférence pour leurs avis, peut l'exposer à être entraîné; mais quelque loin qu'on l'entraîne, la bonté de son cœur ne doit jamais faire désespérer du retour, quand ses lumières et les plaintes des opprimés lui indiqueront qu'il est égaré.

Après le caractère personnel de l'empereur, ce qui me rassure contre la puissance colossale de la Russie, c'est l'état actuel de la civilisation européenne. Grâces à la presse et à la poudre à canon, les grandes invasions de la barbarie sur la civilisation sont impossibles aujourd'hui. Ce n'est pas les armes à la main que peuvent se faire désormais ces transmigrations des peuples, dont l'établissement de l'empire ottoman est sans doute le dernier exemple. Ainsi, sous ce rapport, il me semble qu'il n'y a rien à redouter. Des guerres partielles ne me paraissent pas plus probables. Un seul côté peut présenter quelques chances, c'est la Turquie. Il est vrai que, depuis 400 ans, et même plus, c'est vers Constantinople que les Russes ont le plus constamment dirigé leurs armes; mais l'examen de cet objet est renvoyé à la fin de cet ouvrage, où je traiterai des causes possibles de guerre entre les puissances européennes, et alors je continuerai mes observations sur l'avenir de la Russie.

L'Espagne est, de tous les états du monde, le plus malheureux, le plus désespéré. Il est impossible de ne pas gémir sur le sort de ce vaste et beau pays, sans plaindre ses braves et fidèles habitans. C'est à leur opiniâtre et héroïque résistance, encouragée par les secours et les armes de l'Angleterre, que l'Europe doit sa libération. Le spectacle qu'elle a présenté, au moment où tous les souverains et tous les peuples du continent se ployaient au joug du despote de la France, mérite à jamais l'admiration de tous les siècles. Elle combattait un envahisseur et un usurpateur, pour son roi que l'envahisseur retenait dans les fers. Il n'est pas de sacrifices qu'elle n'ait faits pour reconquérir son prince et son indépendance. Elle sortit victorieuse de cette lutte; et, aussitôt après, retomba sous le joug absurde qui l'avait conduite à tant de calamités.

La constitution des cortès de Cadix était

imparfaite sous plus d'un rapport; mais le dernier des hommes qui avait droit de la condamner et de l'anéantir, c'était Ferdinand. Elle restreignait l'autorité royale; mais dans quelle circonstance avait-on dû sentir davantage le besoin de restreindre cette autorité, que lorsque l'on combattait pour la remettre entre les mains de celui qui ne l'avait possédée d'abord qu'en l'arrachant à son vieux père; qui, ne sachant pas en user, en laissait impunément abuser? de celui qui avait à peine saisi cette autorité, qu'il l'anéantit, et, par sa conduite lâche et ignorante, l'avait remise, avec lui-même et sa nation, à la merci d'un conquérant étranger? Convenait-il bien à ce prince, qu'au prix de tant d'or et de sang on avait arraché de sa prison, de dire à cette grande nation qui brisait ses fers et le replaçait sur un trône : Ce trône n'est pas assez beau; vous êtes des impertinens, des factieux et des scélérats, allez au gibet ou aux galères?

C'est ce que Ferdinand se hâta de faire, en rentrant en Espagne. La constitution fut abolie, les législateurs les plus illustres, les orateurs éloquens qui, au bruit des foudres tombant sur l'enceinte où ils délibéraient, ranimaient le courage et enflammaient la constance nationale, les guerriers les plus illustres, ou périrent sur l'échafaud, ou languirent dans les prisons; et alors commença le règne le plus extravagant et le plus cruel dont les annales de l'Espagne fassent mention. Dirigé par de vils courtisans, par des prêtres encore plus atroces, Ferdinand s'abandonne à tout le délire de la puissance, en leur laissant une partie du plaisir de la vengeance. Depuis cinq ans, il nomme, il chasse, il exile, il emprisonne des ministres avec une versatilité prodigieuse, il suscite des conspirations qu'il noie dans le sang. Au milieu du désordre le plus complet de l'administration, du mécontentement et des larmes de ses sujets, assis sur un trône incertain, miné de tous côtés, Ferdinand donne des fêtes, se marie... mais sur les murs de la salle de son banquet nuptial, je vois écrite, en caractères de feu, la terrible sentence : *Mane tekel phares*.

Comme si ce n'était pas assez des dangers qu'il suscite contre lui, dans l'Espagne même, il persiste à les augmenter par son obstination à étendre son sceptre de fer sur les provinces américaines, qui, parce qu'il ne les a pas voulu admettre à l'égalité, marchent irrésistiblement à l'indépendance. Ainsi à la conjuration de Valence, aux troubles de la Catalogne, de la Gallice, de la Navarre et de l'Aragon, aux guérillas qui infestent l'Estramadure et les deux Castilles, a succédé la révolte de l'armée même, destinée à ramener l'Amérique à la participation de tant de maux*.

Dans une pareille confusion, il est difficile de classer les différens objets, chacun séparément, pour les observer à loisir. Tous les maux se lient, se mêlent, se fondent tellement les uns dans les autres, qu'on ne sait comment débrouiller ce chaos. Essayons cependant l'examen de quelques points principaux, et tâchons de le faire avec le moins de désordre possible.

C'est en Amérique qu'il faut chercher le tombeau de cette terrible puissance espagnole qui a répandu jadis tant de sang et de terreur, sans jamais se débarrasser des ténèbres de l'ignorance et des langes de la superstition; qui a

* Il est question ici de l'insurrection bientôt apaisée des régimens réunis à Cadix, au moment de leur embarquement. Ce mouvement militaire n'était que le prélude de celui qui éclata peu de mois après. L.

constamment perdu tout le fruit des événemens, et qui paraît n'avoir échappé à ses derniers désastres que pour tomber dans un abîme plus profond, à moins qu'elle ne se précipite dans une nouvelle révolution. Voyons donc les relations de l'Espagne avec l'Amérique, et commençons par celles qui viennent de cesser d'exister, celles avec les Florides.

Ces provinces, limitrophes des États-Unis, étaient les seules où le gouvernement espagnol n'était pas obligé de tenter le sort des combats, pour y maintenir son autorité, quoiqu'il n'en tirât aucune utilité, que leur défense, en cas d'attaque, lui fût impossible, et qu'elles ne servissent absolument qu'à employer inutilement quelques garnisons qui eussent été bien plus utiles ailleurs. Les États-Unis convoitaient ces provinces qui interrompaient l'unité maritime de la république, et dont la possession consoliderait leur puissance et compléterait leur système de défense militaire. Au milieu de tous les embarras où se trouvait l'Espagne, les États-Unis reclamèrent du gouvernement espagnol le paiement d'une dette considérable, soit pour pertes commerciales, soit pour indemnités. Ils adressèrent en même temps à ce gouvernement des plaintes très-vives sur les secours accordés, par les commandans militaires espagnols des Florides, aux tribus sauvages en guerre avec les Américains. Du rapprochement de ces réclamations et de ces plaintes, il était naturel que les États-Unis passassent à cette conclusion : *Cédez-nous les Florides et nous vous donnerons quittance.*

Le cabinet de Madrid ne pouvait pas payer, et il ne voulait rien céder. De ces différends aurait résulté une guerre, pour laquelle les Américains seuls étaient préparés. L'Angleterre, il est vrai, ne pouvait voir sans jalousie l'accession de provinces aussi considérables au territoire de ses rivaux. On prétend même qu'elle avait proposé ses secours à l'Espagne, à une condition, la cession de Cuba. C'est-à-dire que, dans l'espoir très-incertain de conserver les Florides, l'Espagne aurait commencé par se défaire d'une île qui, sans lui servir beaucoup, vaut cependant mieux pour elle. Soit que l'Angleterre n'insistât pas, soit que le gouvernement espagnol ne comptât pas sur l'efficacité de ses moyens de conserver les Florides, il se détermina à garder Cuba, et à s'arranger pour le mieux des Florides avec les

Américains. Après beaucoup de discussions, don Onis, ministre d'Espagne à Washington, fut autorisé, par sa cour, à terminer le traité de cession. Cela fût fait, après bien des délais. Cette affaire paraissant décidée, l'Espagne, tranquille de ce côté, pouvait tourner toutes ses forces contre les vice-royautés insurgées de l'Amérique. Mais le mauvais génie de Ferdinand prévalut. Les ministres qui avaient autorisé cette transaction furent chassés, à l'instigation des courtisans, qui avaient obtenu du roi dans ces provinces, de grandes concessions, que les Américains ne pouvaient reconnaître. La ratification du traité fut refusée, et Ferdinand se retrouve aujourd'hui dans un embarras plus grand encore que le premier.

La conduite des États-Unis, dans cette circonstance, est le modèle de la politique la plus raffinée. Cachant et modérant leur dépit de cet affront, ils préparent sourdement et avec calme les moyens d'une vengeance prompte et terrible, et en résumé ils conserveront les Florides, que personne ne peut leur enlever, et ils feront perdre à l'Espagne toutes ses colonies américaines.

C'est dans la colonie naissante des Texas que

se préparent les vengeances des Etats-Unis. Cette petite colonie, établie depuis l'incorporation de la Louisiane dans la république fédérative, sur l'extrême frontière et même en dehors des limites très-incertaines du territoire espagnol, composée d'Anglo-Américains, n'a pas voulu se soumettre au gouvernement espagnol, auquel elle était cédée par un nouveau traité de limites conclu avec la cour de Madrid, et vient de se déclarer république indépendante, sur le modèle du champ d'asile, des débris duquel elle se renforce : mais plus hardie que ce premier établissement, qui n'était composé que d'étrangers proscrits et jalousés, elle s'est armée et marche au devant du général espagnol qui part de Galveston pour venir la soumettre. Des secours nombreux lui arrivent du Kentuki, de l'Ohio, de la Louisiane et d'autres contrées voisines, et bientôt elle sera assez forte pour repousser les Espagnols et même pour les poursuivre, sans obstacle, jusqu'aux mines du nouveau Mexique, et de là, avec le secours des insurgés mexicains, jusqu'à la capitale de ce vaste empire.

Les Texas sont si confians dans les secours qu'ils reçoivent déjà des membres séparés des

Etats-Unis, et comptent si bien sur l'appui prochain de la confédération générale, qu'ils ont fait la démarche hardie et décisive de passer la Sabine, au-delà de leur frontière. Ce passage, aussi important que celui du Rubicon, paraît devoir fixer les destinées de l'Amérique espagnole septentrionale. L'immense contrée qui sépare les Etats-Unis du nouveau Mexique est une plaine remplie de troupeaux innombrables, de chevaux et de bœufs, qui assurent la nourriture et le transport de l'armée que cette république, déjà formidable, voudrait faire marcher à la conquête de ces riches provinces, qui paieront sa dépense, éteindront sa dette nationale et vivifieront sa population et son commerce par un énorme accroissement de numéraire et de matières précieuses.

On peut donc prévoir que les Etats-Unis, s'ils n'obtiennent pas, et bientôt, du gouvernement espagnol la satisfaction à laquelle ils ont droit, autant par la manière dont le traité a été rompu que par celle dont il avait été conclu, ne tarderont pas à suivre l'impulsion de ce premier mouvement qu'ils ont au moins prévu, s'ils ne l'ont point préparé; qu'ils généraliseront cette guerre, dont la cause devient juste pour eux, après l'offense qu'ils ont reçue, et que c'est par là qu'ils tireront une vengeance aussi facile que terrible de l'infidélité et de la perfidie des ministres de l'Espagne.

La révolution complète des deux Amériques espagnoles, l'assurance de leur indépendance absolue de l'Espagne et même de l'Europe, se fondent sur d'autres principes, sur d'autres faits encore, que ceux exposés dans la probabilité de l'intervention hostile des Etats-Unis, et de l'invasion de leurs troupes par les Texas. La *Tierra firme* n'a plus besoin de secours étrangers pour terminer sa révolution. Elle n'a plus besoin, pour m'exprimer mieux, de l'appui des puissances, il lui suffit de celui qu'elle reçoit des individus. Il lui arrive constamment des renforts de vétérans européens, de braves et habiles officiers français que le sort contraint de chercher dans un autre monde des combats et du pain, ainsi que d'officiers et de soldats anglais aguerris et aventureux, qui maintiennent sa supériorité contre Morillo, qui, malgré le faible détachement parti dernièrement de Cadix, ne pourra disputer cette supériorité, surtout quand les indépendans auront reçu dans leurs rangs la formidable légion de Devereux. Le grand nombre et l'incroyable activité de ses corsaires lui donnent également l'empire de la mer. Il ne reste déjà plus à Morillo que le territoire circonscrit de Caraccas, et Porto-Bello bloqué par terre et par mer, d'où Bolivar le délogera facilement, lorsqu'il réunira toutes ses forces contre lui. L'événement de Santa-Fé et l'accession du royaume de Grenade à la république de Venezuela est le coup de grâce de l'Espagne dans cette partie.

La république de Buenos-Ayres, ou de Rio de la Plata se renforce, quoique plus lentement, et se met en état de repousser l'attaque projetée contre elle et préparée depuis si long-temps à Cadix. Afin de juger jusqu'à quel point cette attaque peut être formidable, il est utile d'examiner les apprêts et de se reporter aux événemens qui se sont passés cette année en Espagne. Les hommes réfléchis ont pu prévoir, depuis long-temps, que la grande expédition annoncée avec tant d'emphase, préparée avec tant de lenteur, d'ignorance et de faux calculs, échouerait, même avant son départ de Cadix, et qu'il n'en résulterait que quelques envois partiels de petits secours insuffisans, disséminés soit au Pérou, où ils n'ont même pas pu parvenir, soit à la *Tierra firme* où, loin de compenser les pertes de Morillo, ils n'ont fait qu'ajouter à ses embarras. Il était évident aussi que les Espagnols européens, voyant, depuis quatre ans, l'inutilité des sacrifices énormes d'or et de sang faits par leur gouvernement, pour réduire des colonies décidées à se séparer d'une métropole décrépite et radoteuse, se dégoûteraient de cette lutte désavantageuse. Les journaux anglais annoncent en Espagne les armemens énormes faits en Irlande, à Dublin et à Londres, sous les yeux même du gouvernement, et en dépit des mesures parlementaires. Le départ de plus de 6,000 hommes bien enrégimentés, bien armés, bien organisés, en infanterie, cavalerie et artillerie, départ fait publiquement et que le ministère anglais n'a pu empêcher, parce que la loi contre l'enrôlement étranger ne devait avoir d'exécution qu'au premier août, tout cela, joint au refus de ratifier le traité avec les Etats-Unis, devait faire craindre, aux troupes de l'expédition, de rencontrer, à leur débarquement, des ennemis trop supérieurs pour ne pas succomber. Les soldats, témoins du malaise et du mécontentement de la nation, mal organisés, mal nourris, mal payés et mécontens eux-mêmes, se laissèrent dire et persuader qu'on les sacrifiait. Des sentimens d'insubordination germèrent et s'étendirent à la faveur de l'inaction où on les laissait. Enfin la bombe éclata. O'Donnel réussit à apaiser la sédition, à pallier le mal, dont on pense qu'il pouvait bien être le complice; il est appelé à Madrid, il y va recevoir un cordon, prix, dit-on, d'une double trahison, et n'ose reparaître ensuite à son armée, dont l'insubordination est domptée mais pas éteinte.

Le gouvernement espagnol, sentant dès lors la nécessité de hâter l'envoi de l'expédition, se voit en même temps dans l'impossibilité de le faire. Tout ce qu'il peut obtenir, ou par force ou par ruse, c'est d'en faire partir un faible détachement, qui périra malheureusement, et dont le sort lamentable excitera de nouveau l'indignation de leurs camarades, infestés de l'épidémie qui règne à Cadix et dans les environs, et qui menace toute l'Espagne. Cette grande expédition sera manquée, remise à un terme indéfini, c'est-à-dire à jamais. Elle ne quittera point Cadix : l'esprit de révolte s'y fortifiera. O'Donnel, s'il y revient, n'en pourra déraciner les causes. S'il punit et verse le sang, il est perdu lui-même; s'il écoute les griefs des soldats, il deviendra leur chef et fera trembler la cour. L'Espagne elle-même, dans les deux cas, deviendra la scène de la catastrophe; et là se jouera, à la face de l'Europe, un nouveau mélodrame dont il est encore impossible de préciser l'intrigue et le dénouement.

Si je me trompais, si, contre toute probabilité, ces événemens n'arrivaient pas, et que l'expédition eût lieu, il faudrait, avant de tenter de remonter jusqu'à Buénos-Ayres, occuper Monte-Video, pour y faire stationner la flotte pendant tout le temps que durerait cette guerre. Cette occupation ne pourrait avoir lieu qu'en en chassant la garnison portugaise, ou par un traité fait d'avance avec la cour de Rio-Janeiro, d'après lequel les troupes portugaises se joindraient aux Espagnols pour opérer la soumission de cette immense colonie, quitte à se la disputer après la conquête. Mais le renfort de quelques milliers de Portugais donnerait-il au chef de l'expédition une supériorité assez décisive pour pouvoir en espérer un plein succès? Voilà ce dont on peut douter. La haine enracinée qui règne entre ces deux nations éclaterait bientôt et ferait échouer toutes les entreprises, si toutes les troupes étaient réunies en un seul corps d'armée. Si, pour éviter cet inconvénient, on les faisait agir séparément, chacune alors opérerait pour son compte sans s'embarrasser de son alliée. La guerre serait plus générale, plus longue, plus dispendieuse et plus sanglante, et le résultat serait le même pour le roi d'Espagne; il ne regagnerait rien que de s'être épuisé davantage; mais elle serait d'une conséquence plus dangereuse pour le roi du Brésil. *Qu'alliez vous faire dans cette galère?* aurait-on pu dire à ce souverain mal conseillé, quand, sans prévoyance, sans provocation, par une démarche suspecte et hostile envers les deux partis, il s'est emparé de Monte-Video.

La république du Chili[*] a cessé d'être le théâtre de la guerre, et ne court désormais aucun risque pour son indépendance : elle ne cherche plus

---

[*] De tous les Européens qui ont porté à l'Amérique du Sud le secours de leurs connaissances et de leur courage, aucun n'a plus fait que le jeune Miller. C'est à lui principalement qu'est due l'indépendance du Chili. Lieutenant-général et capitaine-général, il profita d'un instant de paix en 1829, pour venir revoir son père, boulanger dans un village du comté de Kent. Il fit l'admiration de tout le monde par une piété filiale et une modestie dignes de l'antiquité. L.

qu'à la rendre invulnérable, en combattant pour conquérir ou défendre celle de ses voisins ; par ses flottes et par son armée. Elle aura dans peu la gloire de *parachever* cette merveilleuse aventure.

Le Pérou sera bientôt arraché à la couronne d'Espagne, qui ne peut ni le défendre ni le secourir, parce que la mer Pacifique lui est fermée par les flottes du Chili, parce que les peuples, mal intentionnés contre le gouvernement de la métropole, n'attendent, même dans la capitale, que l'apparition de l'armée chilienne, pour se lever en masse contre le malheureux vice-roi ; enfin parce que la prise de Santa-Fé par Bolivar, et l'accession de la Nouvelle-Grenade à la confédération de la Tierra-Firme, ouvrent au parti indépendant du Pérou une communication avec la république de Venezuela, et donne la facilité d'arranger ensemble un plan général d'attaque environnante, à laquelle les royalistes, enveloppés de tous côtés, ne pourront pas résister. Le sort du Pérou serait déjà décidé, si l'aventurier Mac Grégor ne s'était pas fait enlever, dans une nuit, et sans tirer un coup de fusil, la place importante de Puerto-Cabello dont il s'était emparé.

Sans doute tous les gouvernemens insurgés

des deux Amériques ont commis, depuis qu'ils combattent sous les drapeaux de la liberté, de grandes fautes, qui ont retardé leur indépendance et qui même auraient entièrement ruiné leur cause, si leurs ennemis avaient su en profiter; mais ceux-ci en ont commis de bien plus grandes et de bien plus grossières. Les succès ont été quelque temps balancés, la guerre s'est prolongée. Aujourd'hui les événemens suivent un cours plus décidé : la conduite des chefs, Brion, Cockrane, St-Martin, et surtout celle de Bolivar, ne permet plus de douter que l'indépendance de toutes ces contrées, établie bientôt universellement de fait, sera reconnue par les puissances européennes, comme l'a été celle des Etats-Unis, et tous ces bâtards du Nouveau-Monde auront conquis la légitimité.

Ce tableau de l'Espagne, en Europe et en Amérique, nous offre, à un plus haut degré que partout ailleurs, les symptômes de la ruine de la monarchie. Il est impossible de penser qu'il existe jamais plus, entre la péninsule espagnole et ses anciennes colonies, d'autres liens, d'autres rapports que ceux d'une égalité fraternelle ; et ces liens, ces rapports, qui devaient être d'un immense avantage pour les uns et les autres, ont été repoussés constamment, tant que l'occasion et le pouvoir de les établir se sont offerts. Les Espagnols américains, comme les Anglais américains, ont ainsi été forcés de se rendre indépendans, parce que leurs métropoles ont voulu les tyranniser; mais comme si cette cruelle maladie qui ronge l'Espagne, qui lui fait perdre ses extrémités, ses membres éloignés, ne suffisait pas, des courtisans, des prêtres, entraînent un roi faible à suivre le même système envers les peuples immédiatement soumis à sa domination. A peine quelques hommes sensés ont paru dans les conseils de Ferdinand que, lui-même, il les a repoussés, leur infligeant à chacun des peines proportionnées à leurs talens et à la pureté de leurs intentions. En Espagne, comme dans tout le reste de l'Europe, le besoin d'institutions libérales se fait sentir, et là plus que partout ailleurs, le despotisme le plus avilissant étouffe tous les sentimens qui rappellent à l'homme la dignité de sa destination : on plonge dans les fers ou dans les supplices les hommes qui ne peuvent perdre ces sentimens qu'avec la vie. Des hommes à peine échappés au malheur* osent applaudir à

* Dumouriez faisait allusion à un écrit de M. Château-

ce système de gouvernement, et le présenter comme un chef-d'œuvre à l'imitation de monarques éclairés. Les insensés! qu'ils suspendent un instant leurs applaudissemens! Demain peut-être, après demain sans doute, ils prendront le deuil, car plus leur triomphe est grand, plus il est prêt de sa fin. Désormais quand on voit de la tyrannie, on peut dire qu'il y aura liberté.

Je ne puis abandonner la péninsule espagnole sans porter mes regards sur le Portugal, et sans rechercher l'influence que doit exercer, sur ce royaume et sur le Brésil, la politique du ministère espagnol, soit dans la métropole, soit dans ses anciennes colonies. Quand le roi de Portugal, inspiré par la peur plus que par un raisonnement sain, alla établir sa résidence personnelle et le siége de son empire à Rio-Janeiro, quand il adopta ce parti extrême qui allait le séparer pour toujours de l'Europe, intervertir entièrem nt l'ordre de son gouvernement, et faire du Brésil sa métropole, et du Portugal sa

---

briand dans lequel cet homme étonnant préconisait le gouvernement espagnol, et le présentait comme le modèle des monarchies. J..

colonie, il a commis une grande faute, en choisissant Rio-Janeiro pour sa capitale, au lieu de San-Salvador. Par ce choix, il s'est éloigné du centre de ses vastes états, pour aller se placer à leur extrémité méridionale, et près du foyer des révolutions américaines. Il s'est livré à l'espérance décevante de profiter des troubles pour agrandir ses états, et d'étendre ses frontières jusqu'au grand fleuve de la Plata, sans prévoir que par cette extension, bien loin de rendre plus compacte et plus assuré son royaume déjà trop vaste, déjà trop peu peuplé, il en rendait toutes les parties plus faibles, plus disjointes et plus susceptibles d'être pénétrées par l'esprit révolutionnaire, qui embrasait tous ses nouveaux voisins.

Profitant de l'imprévoyance, du désordre et des discordes du gouvernement de Buénos-Ayres, affaibli par la scission d'Artigas; trop fidèle aux habitudes ambitieuses et à la politique égoïste des cabinets européens, il a envahi, sous les prétextes les plus frivoles, toute la rive gauche de Rio de la Plata, jusqu'à l'Uraguay, et, sans la résistance obstinée d'Artigas, qui lui a fermé le Paraguay, sans le réveil du gouvernement de Buénos-Ayres qui a garanti cette capitale qu'il convoitait, l'appétit serait venu en mangeant, il aurait poussé ses limites jusqu'aux Patagons, et serait devenu le souverain de tout l'occident de l'Amérique du sud.

Ce projet gigantesque était tout-à-fait hors de proportion avec ses faibles moyens, et cependant il a été sur le point de réussir. Si cet événement extraordinaire avait eu lieu, l'Espagne aurait crié à la perfidie; l'Europe aurait été émerveillée et muette, l'Angleterre seule en aurait profité, tant que cet état de choses aurait duré, ce qui pourtant n'aurait pas été long. Le roi du Brésil a commencé son invasion en renard, mais il n'avait pas la force du lion pour pousser ses conquêtes, ni même pour défendre sa proie, qui lui sera arrachée, quand les peuples libres de l'Amérique pourront se tourner de ce côté; mais alors ils pourront passer de la restitution à la vengeance, et ainsi, par une entreprise tout à la fois contraire à la probité, à l'Espagne et à ses colonies, ce monarque s'est exposé au danger de se voir arracher sa couronne d'Europe par les Espagnols monarchiques, et celle d'Amérique par les Espagnols républicains.

Cet esprit de républicanisme souffle déjà depuis long-temps sur toutes les parties du Brésil. Le gouvernement a réussi à éteindre les premières étincelles de cet incendie qui avait éclaté à Fernambouco; mais le feu couve sous la cendre et l'occasion d'éclater se représentera bientôt.

C'est tout ensemble par le nord, l'est et le sud que l'indépendance pénétrera dans le Brésil, avec la rapidité irrésistible d'un embrasement général. Les cinq grandes républiques qui naissent à présent formeront, pour leur propre sûreté, une coalition contre le royalisme, qu'elles ne pourront pas laisser à leurs portes, et que l'Amérique se décidera définitivement à exiler de son sol. Cette coalition sera énergique et de bonne foi, comme tous les actes de la jeunesse des peuples, et ne pourra être déjouée par le machiavélisme de la vieille Europe.

Pendant que le roi du Brésil court ainsi à sa perte en Amérique, le Portugal est abandonné à son malheureux sort, et n'a pas même l'apparence d'être encore attaché à son ancien monarque. Son gouvernement est confié à un étranger *, dont les hautes qualités sans doute

---

* Mylord Beresford était pour ainsi dire roi de Portugal, et gouvernait à la royale. Il a rendu au Portugal un grand

et les grands services méritaient une récompense, mais à qui un souverain ne doit jamais livrer l'administration de ses peuples; car la plus grande humiliation qu'on puisse infliger à une nation, c'est de la déclarer incapable de produire des hommes propres à diriger ses propres affaires. Les officiers de l'armée portugaise sont pour la plupart anglais, beaucoup des employés de l'administration appartiennent au même pays. Tout le commerce est fait par l'Angleterre et pour son avantage; en un mot, le Portugal est plus colonie anglaise que tout autre chose.

Le Portugal ne se soutenait jadis que par les productions et les tributs de ses colonies; aujourd'hui que le siége du gouvernement est transplanté dans ses colonies, que le produit des impôts y est envoyé, que tout est consacré par le roi aux contrées où il a fixé sa résidence, il est évident que son royaume d'Europe, appauvri, négligé, doit être mécontent aussi et très-disposé à secouer le joug d'un prince qui le dédaigne. Une armée mal organisée et mal payée, comme en Espagne, les administrations mal

---

service, il a fait sentir tout le mal de la protection du gouvernement anglais, et la nécessité d'un gouvernement et d'une armée nationale.

dirigées et mal surveillées, peu d'industrie, point de liberté: voilà les élémens des révolutions. A peine l'Espagne aura donné le signal, que le Portugal y répondra. La nation, privée de son roi, commencera par chasser des étrangers qui lui seront d'autant plus odieux que ce sont eux seuls qui la maintiennent dans la situation où elle se trouve; puis elle se constituera, peut-être en se réunissant à l'Espagne, peut-être en offrant la couronne à quelque prince étranger, peut-être même à son roi, qu'elle obligerait à revenir s'asseoir sur son trône, à certaines conditions, sinon, non!

Je ne m'arrête pas à l'Italie. Il est, je pense, inutile d'en tracer la situation, pour montrer qu'elle est mécontente; que là, comme partout ailleurs, deux partis sont en présence et prêts à en venir aux coups: celui de la liberté constitutionnelle des peuples et celui des gouvernemens. Les vingt-cinq dernières années ont suscité et trompé trop d'espérances. Les idées de liberté y ont apparu avec trop d'éclat, et avaient promis un trop bel avenir; les dernières paix qui ont été conclues, les arrangemens, les répartitions, les partages de provinces et de souverainetés qui ont été faits, tous ces événemens doivent trop peser sur le cœur des Italiens, pour qu'on puisse s'imaginer que leur calme apparent soit autre chose que l'engourdissement sous la force. Les royaumes de Naples et de Sardaigne ont repris leurs anciens monarques ; mais ces monarques ont conservé leurs anciennes idées, leurs vieilles habitudes, tandis que leurs peuples ont acquis de nouvelles manières et de jeunes doctrines. Au milieu de tous ces désastres, de ces guerres, de ces bouleversemens dont ces pays ont été le théâtre, les lumières se répandaient ; un grand mouvement s'imprimait. Même parce que tout avait été aboli, confondu, on sentait universellement le besoin d'établir un nouvel ordre. Au lieu de céder à ce besoin des peuples, que les rois verraient bien être aussi le leur, s'ils n'étaient pas trompés, les ministres ont rétabli l'ancien ordre, ou plutôt l'ancien désordre, aux deux extrémités de la presqu'île italienne, et l'Autriche a fait plus encore, elle a établi des soldats allemands dans le reste de cette malheureuse contrée. La loi de l'épée est le Code qui la régit, mais *qui se sert de l'épée périra par l'épée.*

Avant de retourner au nord de l'Europe, je jetterai un coup d'œil sur la Turquie, dont l'existence en Europe et surtout sa manière d'exister sont inconcevables. Au milieu de tous les changemens, de toutes les commotions, de tous les bouleversemens dont nous avons été témoins depuis vingt-sept ans, dont plusieurs semblaient menacer cet empire d'une ruine complète, il est resté stationnaire, et il semble que le temps se soit arrêté pour lui, que tout ce qui s'est passé soit comme non avenu. La fatalité mérite bien la confiance des Ottomans, car elle seule les a sauvés des projets formés depuis si long-temps, et si souvent repris contre eux. Les guerres des grandes puissances de l'Europe, et surtout celle de l'Angleterre contre la France, ont dérangé le projet du partage de la Turquie; mais aujourd'hui que toute l'Europe est en paix, les dangers de cet empire pourraient renaître.

Il en est un qui le menace constamment, et qui tôt ou tard doit se réaliser; c'est la révolte des peuples de l'ancienne Grèce : cet événement est le seul que, dans ce moment, je regarde comme possible et même comme probable. Quelle que soit la politique du cabinet de St-Pétersbourg, avec quelque constance que depuis si long-temps il se soit avancé vers le midi, quelque prononcée que soit son intention héréditaire, depuis plusieurs siècles, de régner sur le Bosphore, il me semble que des obstacles insurmontables s'y opposent. L'Autriche, d'abord, ne permettrait pas que le colosse russe s'agrandît encore et la menaçât de ses forces environnantes : elle aurait de justes inquiétudes, qu'entretiendraient toutes les autres puissances, et dès lors il serait possible que la sublime Porte eût tous les autres souverains pour colonnes. Je dis *il serait possible*, car il pourrait arriver aussi que l'Autriche, dont la politique a été si constamment accommodante, lorsqu'il y a eu quelque chose à recevoir, acceptât avec plaisir des propositions que la Russie, pour éviter une guerre avec elle, ne manquerait pas de faire. Je ne connais pas d'exemple que l'Autriche ait résisté à la puissance du mot *partageons*.

Le partage de la Turquie européenne entre la Russie et l'Autriche est-il possible ? En mettant de côté toute opposition de la part du reste de l'Europe, je ne pense pas que ce partage puisse s'exécuter. Il y a bien quatre provinces, et même, à la rigueur, six qui ne présenteraient pas beaucoup de difficultés. La Russie prendrait la Moldavie, la Valachie et la Bulgarie, et l'Autriche s'emparerait de la Bosnie, de la Servie et de l'Albanie ; mais la Romélie, la Morée et les îles de l'Archipel ne sont pas susceptibles d'un partage aussi facile. En supposant encore qu'on s'arrange sur ce point et que les deux puissances se décident à prendre pour limites le *Vardar*, depuis le *tombeau d'Amurat* près de *Pristini*, jusqu'à son embouchure près de *Salonique*, l'Autriche gardant tout ce qui est à droite, et la Russie tout ce qui est à gauche du fleuve, on aura un pays à peu près également portionné ; mais ce sera tout : il n'y aura rien qui puisse donner à cet arrangement un caractère de stabilité : au contraire deux grands empires, tous deux ambitieux, en se mettant en contact parfait, n'auront que facilité les moyens de s'atteindre mutuellement et de se porter des coups plus terribles. La Russie obtiendrait bientôt une grande supériorité, même sans le secours des armes, dans le pays cédé à l'Autriche, par l'identité de son culte, et ce partage ne serait que le prélude de la réunion de toute la Turquie européenne sous la domination russe.

Quand à ces réflexions on ajoute que la France et l'Angleterre s'opposeraient à ce partage et qu'elles seraient appuyées par la Prusse, le Danemarck et les Pays-Bas, on voit mieux l'impossibilité d'un pareil partage. Une seule condition me paraît en appuyer la possibilité ; c'est l'accession de l'Angleterre, qui s'emparerait de la Morée, du Négrepont et des îles de l'Archipel, qu'elle organiserait à l'instar des Iles Ioniennes, sous sa protection ; mais, par cet arrangement, la Russie et l'Autriche manqueraient leur but, qui est la facilité d'avoir des flottes et le partage de la domination de ces mers, et de là, nouveaux germes d'instabilité, nouveaux motifs de guerre.

Après avoir exposé ces projets, ces rêves peut-être de quelques politiques, *projets et rêves qui ne sont pas les miens*, j'en reviens au véritable danger de la Turquie, à la Grèce. Après tant de tentatives infructueuses pour reconquérir leur indépendance, et qui toutes n'ont servi qu'à appesantir sur eux les chaînes de la plus affreuse tyrannie civile et religieuse, les Grecs sont retombés dans l'inaction. Trop souvent trompés par les gouvernemens étrangers, ils ont fini par ne se fier à aucun et avec raison, et ils cherchent à désarmer la fureur de leurs stupides tyrans, par leur soumission, et par des impôts qu'ils ne peuvent payer qu'en se livrant à tous les genres de travaux. Les Turcs, indolens et paresseux, abandonnent à leurs malheureux ilotes l'exercice et les profits de l'industrie. Le commerce est entièrement entre les mains des Grecs; ce sont des Grecs qui manœuvrent presque toute la marine. Par le commerce et la navigation, ils se mettent en rapport avec les peuples étrangers, participent à leurs progrès, s'éclairent de leurs connaissances, et avancent dans la civilisation. Quand les opprimés sont plus éclairés que les oppresseurs, l'oppression est bien près de finir.

Ce n'est pas seulement dans les pays étrangers que les Grecs vont puiser leurs connaissances, leur désir d'indépendance et de sécurité, leur impatience de leur joug. Des écoles se sont établies au milieu d'eux, par les bienfaits de quelques uns de leurs compatriotes et des hommes éclairés de tous les pays, qui tous s'efforcent de rendre aux descendans des Grecs les bienfaits que le monde doit à leurs ancêtres. Ainsi la population ne sera plus long-temps étrangère à l'instruction, l'étude lui montrera ses droits, et l'exemple des anciens héros lui donnera le courage de les faire prévaloir. Puissent les gouvernemens favoriser, comme les individus, l'éducation de ce peuple qui renaît, et puissent-ils, quand il réclamera sa majorité, se réunir tous pour la reconnaître ! Un empire indépendant au sud-est de l'Europe, l'empire de la Grèce, doit être un bienfait pour l'Europe.

Au nord de cette partie du monde, deux puissances, la Suède et le Danemarck, ne peuvent avoir de politique indépendante de celle des grandes puissances. La première, gouvernée par une dynastie nouvelle, tandis que son ancien roi et sa famille errent dans l'exil, est condamnée à se ranger constamment du côté le plus fort, sous peine d'une révolution. Le monarque actuel est forcé, par son intérêt personnel, à suivre un système libéral, à respecter les droits de ses peuples, sur lesquels sont fondés ses titres encore nouveaux. La conduite qu'il a tenue, et qu'il tient encore, lui a fait le plus grand honneur; il a mérité et obtenu l'estime de tous les souverains et de tous les hommes d'état. Cependant je ne puis me dissimuler que son autorité n'est pas tellement établie qu'on puisse la regarder comme à l'abri du renversement, et lui-même ne saurait entretenir la persuasion que sa couronne passera à ses descendans. L'ancienne dynastie a sans doute conservé, en Suède, des amis puissans et dévoués. Il y a aussi des mécontens, des hommes dont la marche du gouvernement lèse bien des intérêts et que l'espérance rattache à d'autres chefs. Enfin il y a, comme partout ailleurs, des hommes qui ne désirent que des changemens, et qui, au moindre mouvement, s'empressent de renforcer les assaillans. Tous ces hommes ne peuvent-ils pas se réunir un jour, dans le dessein de rendre la couronne à Gustave, ou du moins de l'offrir à son fils, dans le cas où on persisterait à repousser cet auguste malheureux? N'est-il pas évident qu'alors, aucun des souverains ne voudrait intervenir dans cette lutte, quelque estime, quelque amitié personnelle qu'ils portent à Charles-Jean, et que même plusieurs agiraient ouvertement ou du moins secrètement contre lui? Voilà des questions qu'il doit se proposer souvent.

Le Danemarck est resté assez étranger aux événemens du dernier quart de siècle. La bonté, la douceur de ses princes, une égale répartition d'impôts peu onéreux, et une grande économie, l'ont mis à l'abri des luttes dont les autres pays ont été et sont encore le théâtre. Cependant le désir des institutions s'y est introduit et doit y faire des progrès, en proportion de ceux qu'il fait en Allemagne. L'influence qu'exerce ce pays est presque nulle. Sa position et ses besoins le mettent nécessairement à la suite de l'Angleterre dont nous allons enfin parler.

L'Angleterre, depuis 1793 jusqu'en 1815, a joué un grand rôle et déployé un grand caractère. Tantôt elle a lutté seule contre le plus terrible ennemi qu'elle ait jamais eu, tantôt elle lui a suscité de cruels embarras, et enfin elle l'a accablé du poids de toute l'Europe. Downing-Street était le point d'appui du levier qui mouvait le monde. Mais dans le moment actuel, toute son influence et toute sa force semblent perdues. Ainsi à la fin d'une lutte longue et opiniâtre, l'athlète victorieux reste, à côté du vaincu, étendu sur l'arène, épuisé de ses efforts.

Je l'ai déjà dit, l'Angleterre aurait dû tirer un tout autre parti de ses sacrifices prolongés, et la paix aurait dû lui assurer des avantages qu'elle n'a point obtenus, que peut-être même elle n'a point réclamés. On a accusé, et on accuse encore le gouvernement anglais de machiavélisme, ce qui suppose de la perfidie dans ses ministres, et je crois que jamais ils n'ont mieux répondu à ces accusations que dans leurs dernières transactions, car ils se sont plutôt exposés au reproche de duperie. La Russie, l'Autriche, la Prusse ont infiniment gagné au réglement de comptes qui a suivi ce drame d'un quart de siècle. Un nouveau royaume, celui des Pays-Bas, dont l'érection avait été sollicitée par l'Angleterre, voilà ce qu'on lui a accordé; et peut-être, pour son bien, était-ce ce qu'elle ne devait pas désirer. Le rétablissement du Stathouderat et de la république de Hollande était une chose juste, mais on voulait affaiblir la France, lui ôter les immenses ressources qu'elle tirait des Pays-Bas, soit en hommes, soit en argent, et on ne savait comment s'arranger. l'Autriche, qui n'admet pas de prescription à ses droits, réclamait sa propriété des Pays-Bas, et la France rejetait ce voisinage dangereux. l'Angleterre elle-même ne s'en souciait pas, les Belges se souciaient encore moins de retomber au point d'où ils étaient partis. Pour sortir de tous ces embarras, on réunit la Belgique à la Hollande, et on en fit un royaume. Des vues passagères sans doute ont dicté ces mesures autant que des intérêts permanens. Si les calculs de la prévoyance humaine, pouvaient avoir quelque solidité, lorsqu'ils sont basés sur les intérêts et les passions des hommes, il est certain que ceux du ministère anglais avaient quelques titres à la confiance. Un prince d'Orange gouvernant, avec un immense accroissement d'autorité, ses anciens états, agrandis, doublés par la possession de la Flandre et de la Belgique ; un prince d'Orange épousant l'héritière présomptive de la couronne d'Angleterre, et ensuite un même prince réunissant sur sa tête toutes ces couronnes, d'Angleterre, des Pays-Bas, de Hollande et de Hanovre ; voilà certainement un plan bien vaste, et qui, s'il avait été exécuté, eût établi de la manière la plus stable la suprématie de l'Angleterre sur toute l'Europe ; et on eût pu dire aussi : *Tu Felix Anglia, Nube!*

On peut reprocher des fautes au gouvernement anglais, mais il semble que la fortune ait voulu lui faire expier par des calamités imprévues le bonheur de ses entreprises précédentes, et proclamer auprès du char du triomphateur le *memento* des Romains. L'alliance désirée n'eut pas lieu, et la Russie, calculant les avantages que lui offraient des relations intimes à l'extrémité occidentale du continent européen, donna la main d'une de ses princesses au prince héréditaire des Pays-Bas, et ainsi prépara des entraves à l'influence du cabinet Britannique.

Les deux peuples soumis aujourd'hui à la domination de la maison d'Orange diffèrent entre eux d'intérêts, de goûts et d'habitudes, et ils n'ont qu'une chose commune, et qui doit contribuer à les désunir davantage encore, l'amour du travail, le besoin d'acquérir. Le soin de les concilier est l'occupation principale du monarque : elle est aussi la plus difficile, et il est juste de reconnaître qu'il y emploie tous ses efforts, et que sa conduite mérite des éloges ; mais après tant d'événemens qui ont confondu la sagesse humaine, il est presque impossible de croire à la perpétuité de l'union de matières aussi hétérogènes. D'anciens républicains ne souffrent pas patiemment le joug de l'homme qui n'était que leur capitaine général ; et une population catholique ne saurait environner de sitôt un prince protestant de la confiance et de l'amour, dont ses vertus d'ailleurs le rendent si digne.

Après avoir montré ce que l'Angleterre a fait à l'extérieur, voyons ce qu'elle est à l'intérieur.

La paix, qui a commencé dans tous les états du continent la restauration de l'industrie et du bien-être, a commencé l'appauvrissement de l'Angleterre en faisant renaître la concurrence du commerce étranger ; et, en même temps que cet appauvrissement s'accroît, des charges énormes, encourues pendant la guerre, obligent la nation à la continuation de ses sacrifices. Le peuple anglais, plus susceptible qu'aucun autre de mouvemens désordonnés et de résolutions extrêmes, prend en ce moment le parti le plus funeste, celui de braver toutes les autorités, de condamner tout ce qui existe ; et, s'il n'est arrêté ou par la force ou par une crainte salutaire qui ramène les esprits égarés, il renversera cette constitution antique, qui a des vices, il est vrai, mais qui du moins a maintenu jusqu'à présent et peut encore continuer à maintenir, dans toute leur étendue, les droits de tous les citoyens. Ne réfléchissant ni sur la force des circonstances, ni sur l'irrévocabilité du destin, il attribue tous ses maux, non seulement à l'imprévoyance de son gouvernement, mais encore au projet criminel qu'il lui suppose d'établir le despotisme royal, ou plutôt la tyrannie ministérielle, à l'aide d'un parlement vénal et corrompu. Ces accusations, quoique exagérées et fausses en partie, se propagent, se fortifient et sont accueillies par des hommes même justement considérés par leurs lumières, leur bonne foi et leur patriotisme.

J'ai regardé très-long-temps ces mouvemens du peuple, ces assemblées tumultueuses des réformateurs radicaux, comme un paroxisme éphémère qui se calmerait de lui-même avec le temps, et je crains bien que les ministres, qui doivent être plus prévoyans, puisqu'ils peuvent en être les premières victimes, ne les aient considérés avec la même légèreté; mais aujourd'hui je commence à voir avec inquiétude que ces mouvemens se généralisent, que ces assemblées, sous une forme plus calme et plus légale, énoncent simultanément les résolutions les plus violentes, et se préparent, avec une obstination inébranlable, à renverser tout ce qui voudrait s'opposer à leur plan de réforme radicale, plan impraticable et extravagant, comme tout ce qui vient des dernières classes du peuple, et qui n'aurait d'autre résultat que de détruire l'autorité royale, et y substituer le règne despotique et anarchique de nouveaux jacobins.

Ce que, surtout, je regarde comme un présage très-fâcheux, c'est que les assemblées des classes les plus respectables de la société, présidées par les autorités constituées, telles que celles de *Norwich*, d'*York*, de *Bristol*, de *Liverpool*, etc., etc., tiennent à peu près le même langage, expriment, quoique avec plus de décence et de retenue, les mêmes résolutions, et annoncent la même fermeté. Ainsi le plan de réforme, sinon totale, du moins partielle, a ses partisans, non-seulement dans ce qu'on appelle la populace, mais même parmi les hommes honnêtes et distingués.

Une autre circonstance qui augmente mon inquiétude, c'est que, dans chaque ville un peu considérable, où il se tient une de ces assemblées légales, et réclamant des réformes, ces assemblées sont suivies de près par des réunions de partisans de l'état de choses actuel, qui protestent contre les résolutions adoptées, et ne veulent absolument aucun changement. Si ces protestations avaient au moins un nombre aussi considérable de signataires, quelque avenir que cela annonçât, quoiqu'on y pût voir les évolutions de deux partis qui se mettent en bataille pour commencer la guerre civile, et quoique cela ressemblât furieusement au début de la ligue sous Henri III., je n'appréhenderais rien de dangereux, parce que deux partis qui sont égaux en nombre, au lieu d'en venir aux mains et de s'exposer aux chances d'un combat, en viennent à des transactions : mais le nombre des signataires des protestations est infiniment moindre que celui des réclamations, et, parmi les signataires, les ecclésiastiques anglais, admis bien mal à propos aux magistratures civiles, jouent un grand rôle. Ainsi ils montrent évidemment le petit nombre et le clergé contre des masses. Voilà ce que surtout il fallait éviter ; car, en pareil cas, on est battu quand on se laisse compter.

Si les ministres peuvent être accusés d'insouciance ou d'imprévoyance dans la continuité de ces troubles, c'est pour n'avoir pas rassemblé sur-le-champ le parlement, pour lui présenter franchement les objets en discussion, pour s'identifier avec ce corps constitutionnel, afin de repousser ensemble toutes les inculpations qui les attaquent également ; de céder aux demandes qui sont justes et dont la satisfaction est possible, et en même temps pour réunir tous les moyens légaux que la constitution leur donne, pour se couvrir de cette égide nationale contre les coups inconstitutionnels de leurs ennemis communs. Je peux me tromper dans cette opinion, mais elle est partagée par une infinité d'hommes raisonnables, amis de l'ordre et de la paix.

Si le ministère, suivant sa routine ordinaire, comme dans un temps de calme, prolonge la prorogation du parlement, s'il temporise, les radicaux gagneront du terrain, et alors il courra le risque de voir la chambre des communes, fermée à ses partisans, ne se rouvrir qu'après une nouvelle élection favorable, au moins en partie, aux prétentions des réformateurs.

Au milieu d'une crise aussi dangereuse, où, comme chez toutes les nations continentales, mais avec infiniment moins de raison, le peuple crie à la tyrannie, le gouvernement anglais ne peut s'occuper avec efficacité et avantage des affaires des autres puissances. Quand il aura réussi, comme je l'espère, à étouffer tous ces funestes germes de dissensions civiles, il aura encore, pour long-temps, à s'occuper de guérir les plaies physiques et morales que lui a infligées une guerre longue et ruineuse, avant d'aller médicamenter les maladies des peuples étrangers.

C'est à ces embarras intérieurs qu'il faut attribuer le rôle secondaire auquel l'Angleterre est descendue, après avoir si long-temps joué le premier. Cependant de pareilles causes ne peuvent être offertes en justification de tous ses actes diplomatiques. Il en est d'une faiblesse impardonnable, et la cession récente de Parga est plus que de la faiblesse, c'est un crime. Il est probable que le ministère, s'il n'était pas obligé, par l'union de tous ses ennemis, à se concilier les suffrages d'hommes dont l'influence parlementaire est à ménager, n'eût pas laissé impunie une pareille violation du droit des gens et des lois naturelles, violation qui anéantit toutes les espérances que la possession des îles Ioniennes devait inspirer sur la Grèce. Après un pareil exemple, le ministère anglais ne peut pas de sitôt reprendre le premier rang. Les rochers où le sanguinaire Ali a tendu aujourd'hui ses tentes, répondra long-temps au *quos ego!...* de la dominatrice des mers.

J'ai passé en revue tous les états de l'Europe : récapitulons. Partout, à un degré plus ou moins grand, on voit le malaise, le mécontentement, la plainte. Partout on voit des germes plus ou moins féconds, plus ou moins avancés de ces grands événemens politiques qui changent la face des nations, et que rien qu'un retour à la raison, à la justice, à la modération, de la part des gouvernemens, ne peut prévenir. C'est en vain que, pour les éviter, les ministres s'engagent à se soutenir de toutes leurs forces. Il arrive des temps où une idée morale et politique déjoue toutes les mesures, renverse toutes les résistances. Ces idées ont, il est vrai, une élasticité qui permet de les comprimer; mais elles s'échauffent par la compression, elles éclatent et bouleversent tout. Ainsi quelques grains de poudre sont entassés en dessous ou en travers de ces masses énormes que toute la force humaine ne saurait mouvoir, de ces rocs que le levier ne saurait désunir, et ces grains de poudre enflammés tout à coup ont, en un instant, fait rouler en immenses débris ce qui semblait défier toutes les puissances de l'homme et de son intelligence. Ministres de toutes les nations, gare la mine.

Je terminerai ce coup d'œil politique par des considérations sur la possibilité d'une guerre entre deux ou plusieurs puissances du continent, et je commence par déclarer que je n'en vois la possibilité que dans le cas où la guerre entre les peuples et les gouvernemens aurait éclaté.

Tous les chefs des nations, et en particulier des trois principales puissances de la Sainte-Alliance, sont trop occupés encore à remettre leurs finances en état, à s'arranger dans leurs principautés, les uns à organiser leurs acquisitions, les autres, et ce sont les plus faibles, à réparer leurs pertes, pour penser à se chercher chicane. Les uns ne veulent pas exposer ce qu'ils ont gagné et jouissent de leurs profits, et les autres, qui sentent leur impuissance, ne veulent pas risquer ce qu'ils ont conservé. Les querelles de gouvernement à autre, me semblent donc impossibles avant plusieurs années, à moins que des causes autres que celles qui jusqu'à présent ont fait verser tant de sang, ne viennent susciter des hostilités. La lutte des peuples contre les ministères, pour en obtenir des institutions libérales, peut allumer, comme je l'ai dit ailleurs, une guerre générale; dans laquelle chaque gouvernement, occupé chez lui à résister aux coups qu'on lui porte, ne pourrait prêter secours à ses voisins. La Russie seule pourrait intervenir facilement en Allemagne. Je ne reprendrai pas cette discussion.

Mais, sans que cette guerre des peuples contre

les ministères éclate, n'est-il pas possible que des gouvernemens, se croyant en danger par les concessions de libertés faites par d'autres gouvernemens, leur en demandent raison et veuillent les forcer à rompre leurs engagemens, à révoquer les concessions faites? Il y a quelques années qu'on aurait regardé comme un fou quiconque aurait exprimé une semblable inquiétude, mais aujourd'hui cette idée folle est entrée dans le Code pénal contre les rois, code émané de quatre congrès, et il est impossible de la révoquer en doute. Ainsi sa majesté le roi de Wurtemberg et le roi de Bavière, qui ont accordé des constitutions, peuvent, si ces constitutions déplaisent à quelques ministres des autres souverains de la confédération germanique, être cités à la diète de Francfort, y être jugés et condamnés à abolir tout ce qu'ils ont établi! Et ce tribunal est composé de ministres!!

Cette doctrine est passablement attentatoire à la dignité royale; mais ceux qui l'ont fait promulguer ne devaient pas s'arrêter en si beau chemin. Ils devaient prévoir tout naturellement que le roi de Bavière ou de Wurtemberg, ou tout autre dans le même cas, pourrait regarder sa soumission à une pareille condamnation comme un abandon de ses droits, comme une dégradation, et refuser toute obéissance aux Amphictions. Ils le prévirent, et pour contraindre à l'obéissance, chacune des puissances composant la confédération doit entretenir, à la disposition de cette confédération, un certain nombre de troupes, pour en faire exécuter les arrêts. Ainsi, il est possible qu'au premier jour le Wurtemberg et la Bavière soient attaqués; et si, comme il est impossible d'en douter, ces souverains résistent (car ils sont braves), on leur fera une guerre sanglante, et peut-être, dans les combats qu'ils soutiendront, ces monarques tomberont sous les coups de leur ennemis. La dégradation et le massacre des rois ordonnés pour maintenir les peuples dans une servitude odieuse, voilà un perfectionnement terrible du principe monarchique!

Il est à présumer que les rois constitutionnels, attaqués par les anti-constitutionnels dans le cœur de l'Allemagne, ne seraient pas abandonnés à leurs seules forces, qu'au contraire ils trouveraient des alliés disposés à les secourir, et que, dans le cas même où les trois grandes puissances de la Sainte-Alliance s'uniraient pour prêter main-forte aux arrêts émanés de leurs conseils, d'autres grandes puissances, moins enchaînées à cette alliance appelée sainte, s'uniraient aussi pour y mettre opposition; et alors une guerre générale et européenne commencerait entre la liberté et le despotisme. Dans cette guerre on verrait d'un côté la Russie, l'Autriche et la Prusse, entraînant la Suède quoique gouvernée constitutionnellement, et de l'autre l'Angleterre, la France et les Pays-Bas, entraînant le Danemarck quoiqu'il n'y ait pas de constitution. Telle serait immanquablement la grande division des états européens dans l'événement de cette guerre; et quant au résultat, il serait immanquablement aussi à l'avantage de la liberté.

Les autres causes de guerre ne me paraissent point devoir se faire sentir de sitôt avec assez de force pour qu'elles soient suivies d'effets. Elles existent néanmoins, et tout homme qui a bien observé les événemens, qui s'est nourri des récits de l'histoire et qui s'est éclairé sur la tendance des nations, ne peut s'empêcher de voir dans la distribution actuelle des états de l'Allemagne et dans le caractère et les intérêts de l'Autriche et de la Prusse, des germes d'hostilités pour l'avenir. La rivalité entre ces deux puissances a des motifs aussi forts qu'en aucun temps. L'ambition d'un côté, et de l'autre la nécessité.

La Prusse, monarchie nouvelle encore, s'est agrandie pour ainsi dire au hasard, en prenant tout ce que le courage et l'adresse de ses princes pouvait mettre à sa convenance, tantôt d'un côté, tantôt de l'autre. La disposition de son territoire ne présente aucunement ce caractère d'unité de sol, de tendance de tous les points environnans et des extrémités vers un centre commun : elle est trop susceptible d'attaque; elle présente une ligne trop étendue, trop sinueuse; elle est trop facile à envahir, à pénétrer; la séparation d'une et même de plusieurs de ses provinces d'avec le centre du gouvernement s'opérerait trop aisément, en cas de guerre, et rend si aisée la ruine de cette monarchie, qu'il est impossible qu'elle reste dans cet état. Le gouvernement prussien, qui connaît bien ce désavantage, aspire nécessairement à le faire cesser, et ne manquera pas de saisir toutes les occasions qui se présenteront pour s'approprier les territoires qui s'avancent dans ses états et y forment des intersections. Deux moyens sont les seuls qu'il puisse employer, la conquête ou des échanges, et ces deux moyens conduisent toujours au même résultat. Les échanges qui seraient avantageux à cette puissance, et qui, en la rendant plus unie, plus compacte, la rendraient plus forte, seront vus avec inquiétude et avec jalousie par l'Autriche, qui s'y opposera et qui fera tous ses efforts possibles pour maintenir sa rivale dans la position décousue où elle se trouve.

L'Autriche a aussi intérêt à ne pas rester comme elle est; et cet intérêt, qui est tout puissant chez elle, qui survit aux ministères et aux monarques, c'est l'ambition. Ce qu'elle a possédé une fois elle veut le posséder toujours. Le titre d'empereur d'Allemagne, qu'elle a perdu, est constamment l'objet de ses désirs. Ployante dans l'adversité, elle abandonne facilement ce qu'elle ne peut conserver; mais cet abandon n'est que momentané, et elle revient sur ces engagemens quand les circonstances le lui permettent. C'est ainsi qu'elle s'est toujours montrée et qu'elle se montrera toujours. Déjà, depuis les dernières limitations des états, elle a montré que sa politique n'a point changé. Plus hardie que la Prusse, elle a déjà fait un échange de territoire, et en compensation de celui qu'elle recevait, elle en a donné un qui ne lui appartenait pas.

Ces deux puissances, qui toutes deux tendent également à s'agrandir, l'une parce qu'elle ne veut pas décliner et qu'elle prétend être tout ce qu'elle a été, l'autre parce qu'en présence de la première elle ne peut rester dans l'état de faiblesse et de désunion où elle se trouve, ne peuvent marcher simultanément à leur but sans se choquer, et par conséquent sans se quereller, et enfin sans se battre, à moins que, s'accordant pour reprendre un ancien projet, elles ne partagent le différend, et fassent de l'Allemagne deux grandes monarchies, l'Allemagne septentrionale et l'Allemagne méridionale. Cet arrangement à l'amiable entre l'Autriche et la Prusse, qui a été médité, qui a été justifié sur la barrière qu'il opposerait aux envahissemens de la Russie, ne serait pas probablement du goût des autres puissances européennes, et dans ce cas encore il y aurait guerre générale.

On parle de l'énorme influence de la Russie, et de l'envie de conquérir qui peut lui prendre d'un instant à l'autre. La probité d'Alexandre, sa fidélité aux traités, ses liaisons avec les souverains repoussent l'idée de toute attaque de sa part, et de tout projet d'invasion contre eux. Ce n'est pas de ce côté, d'ailleurs, que l'intérêt lui ferait tourner ses armes, car il réunirait contre lui, et en pure perte, des ennemis redoutables, qu'il lui serait difficile de vaincre; et le prix de sa victoire ne vaudrait certainement pas la peine du combat.

Il en est tout autrement d'une invasion contre la Turquie, dont le territoire appartient à l'Europe et dont le gouvernement est pour ainsi dire hors de la loi des nations européennes. La marche de ce gouvernement est si peu susceptible de calculs politiques, qu'on peut assurer que, quand même Alexandre repousserait tout désir d'agrandissement de ce côté, il est impossible que la conduite de la stupide Porte ne le force à la guerre contre elle; et cette guerre, selon toutes les probabilités, serait la dernière que les Ottomans auraient à soutenir en Europe et les repousserait en Asie.

Aucune puissance ne me paraît à même de donner à la Porte l'appui qui lui serait nécessaire pour sa conservation. Aucune puissance même n'a aucun intérêt à cette conservation: peu importe que les Turcs soient expulsés et forcés de rentrer dans les déserts d'où ils sont sortis : que dis-je ? il importe au contraire beaucoup que l'Europe soit délivrée de cette peste physique et morale, et le jour où ils abandonneraient Constantinople, serait un triomphe pour la raison et l'humanité.

Mais ce qui importe également à toutes les nations de l'Europe, ce qu'elles ne peuvent souffrir, sans s'exposer aux plus grands dangers, sans mettre une partie de leur commerce à la merci d'une nation déjà trop puissante, c'est la prise de possession de ces contrées par les Russes, c'est leur adjonction à cet empire déjà si vaste. Alexandre est le seul des monarques qui puisse faire cette entreprise, mais doit-il la faire lorsqu'il est persuadé qu'il n'en peut recueillir le fruit?... Ce sont ces calculs de la politique qui jusqu'aujourd'hui ont sauvé les Turcs, et qui probablement prolongeront leur existence dans une partie de leurs dominations actuelles.

Les Turcs, pour que leur expulsion soit un bienfait pour l'Europe, doivent être remplacés par une nation nouvelle, indépendante, également amie de tous les états européens, et qui, par ses mœurs, par son industrie, par son gouvernement, soit en rapport avec la civilisation actuelle. Pour atteindre ce but il n'y a qu'un moyen, c'est de hâter l'instruction des Grecs, c'est d'entretenir leurs idées d'indépendance, c'est d'encourager les efforts qu'ils pourront faire pour la conquérir, c'est de leur donner indirectement les secours dont ils pourront avoir besoin : les gouvernemens n'ont même rien à faire ; il leur suffira d'autoriser ou seulement de ne pas défendre, les efforts que le zèle des individus excitera pour envoyer à ce peuple, si long-temps victime, les hommes et l'argent dont il aura besoin. Alors se relèvera l'empire de la Grèce, conquête de toute l'Europe ; un débouché facile s'ouvrira à l'industrie de tous les peuples, qui tous trouveront dans le peuple nouveau une garantie de paix et d'opulence. C'est là la seule manière dont la Turquie doive disparaître, pour ne pas replonger l'Europe dans des guerres affreuses et de nouveaux bouleversemens.

Quant à la Russie, l'influence qu'elle possède aujourd'hui et qui paraît épouvanter bien des politiques, me paraît devoir être passagère. L'avenir de cet empire est bien différent du présent : et la fatalité qui régit les peuples, qui les appelle à la vie et à la mort, menace déjà le peuple russe d'un changement d'existence, que tous les efforts de la politique ne pourront détourner.

Un empire aussi immense peut bien, lorsque les peuples sont encore dans leur enfance, être gouverné par un seul homme; mais à mesure que les peuples s'éclairent, qu'ils deviennent laborieux et industrieux, leurs intérêts se compliquent et ils ont besoin d'être plus rapprochés des gouvernans, ou, s'ils en sont éloignés, sans possibilité de rapprochement, ils s'en séparent pour s'en donner un qui soit au milieu d'eux et à eux. On peut donc prédire, avec certitude, que les Russies cesseront d'être réunies sous une même domination, et se formeront en plusieurs empires séparés et indépendans les uns des autres.

L'époque et le mode de cet événement ne peuvent être déterminés. Il peut arriver plus tôt ou plus tard, et être amené ou par la révolte de quelques provinces, ou par celle de quelques chefs, ou même par des divisions dans la famille impériale. L'histoire de la Russie en fournit des exemples, et ces exemples peuvent se renouveler. Les deux capitales de l'empire russe, et les peuples des provinces où elles sont situées, ne peuvent être parfaitement d'accord. Moscou, abandonnée, doit envier à Pétersbourg tous les avantages qu'elle doit à la résidence de l'empereur. Pétersbourg n'est pas placée convenablement pour être la capitale d'un empire aussi étendu. Bâtie à l'une des extrémités du sol russe, elle ne saurait être le siége du gouvernement d'une nation active et éclairée. Là, cette capitale est pour ainsi dire l'empire. La position de Moscou est plus centrale et par conséquent plus convenable à la direction des affaires de l'état, et cependant cette position n'est pas encore assez favorable. La capitale de l'empire russe doit être en Asie, et dès lors son gouvernement devient étranger à l'Europe; c'est ce à quoi il ne se décidera pas, et par conséquent il doit négliger l'Asie et finir par la perdre.

Les gouverneurs envoyés dans les provinces et qui y exercent une autorité presque royale, à la tête de troupes nombreuses, doivent souvent être tentés, à cause de l'éloignement du gouvernement, d'exercer cette autorité à leur profit, et même de mettre leur volonté et leurs intérêts à la place des volontés et des intérêts de l'empereur et de ses ministres. De là à lever l'étendard de la révolte il n'y a pas loin : un instant suffit pour faire ce pas, et l'exemple une fois donné, qui en empêcherait l'imitation? Où s'arrêterait-on? Enfin que resterait-il de l'empire russe?

Tant qu'Alexandre existera, ces révoltes ne pourront prendre place, parce que, connaissant particulièrement tous ses généraux qu'il a habitués à l'estimer et à le chérir, il peut compter sur leur fidélité et leur dévoûment. Dans la supposition où quelqu'un d'entre eux méditerait de se rendre indépendant dans son gouvernement, tous les autres, ou du moins la plus grande partie se déclareraient contre lui, et ses soldats, qui, dans les dernières guerres, ont eu constamment sous les yeux leur *beau et brave empereur*, comme ils l'appellent, et qui le chérissent, ne serviraient pas de tels projets.

Mais si la mort enlevait ce prince (ce qui doit arriver un jour et puisse ce jour être éloigné), qui peut répondre que son successeur, qui n'aura pas été placé dans les mêmes circonstances, qui n'aura pu déployer le même caractère et obtenir également l'amour des peuples, des soldats et des chefs, conservera cette unité de l'empire qui en fait toute la force et qui motive tant d'inquiétudes? Cette question se complique encore par la position d'Alexandre, qui n'a point d'enfants, et qui laisse trois frères, qui tous trois peuvent avoir leurs vues et leurs partisans.

L'un d'entre eux, il est vrai, et c'est celui que l'ordre de sa naissance appelle au trône, en est exclu par un décret du sénat de Russie, décret dont je ne veux examiner ni les motifs ni la légalité; mais il suffit que ce décret existe, pour que l'avenir de l'empire russe ne se présente qu'au milieu de terribles orages. Le grand-duc Constantin se soumettra-t-il à ce décret? ne réclamera-t-il pas le trône auquel il peut penser avoir des droits? aura-t-il ou n'aura-t-il pas pour appui les gouvernemens qui ne peuvent reconnaître à aucun corps le droit de changer l'ordre de l'hérédité? Si l'aîné des grands-ducs ne veut pas se soumettre à la dégradation, que fera le second? rejettera-t-il la couronne qui lui est destinée par le seul corps de l'empire qui puisse être regardé comme l'organe de la volonté nationale? réunira-t-il toutes ses forces pour contraindre son frère à l'obéissance? et pendant cette lutte, qui peut se prolonger, que fera le troisième?

Le grand-duc Constantin, en supposant qu'il

cède, abandonnera-t-il la vice-royauté de la Pologne; ou bien prendra-t-il un autre titre pour se rendre indépendant, ainsi que le pays qu'il gouverne aujourd'hui ? C'est encore une question importante et qui peut mener à de grandes conséquences. Car il ne se contenterait pas de la partie de la Pologne érigée en royaume, il tenterait nécessairement d'y joindre quelques unes des provinces russes qui l'avoisinent, et une fois la séparation faite, il n'est pas possible de penser que la réunion suivrait.

Voilà les réflexions que j'ai faites bien souvent sur le présent et l'avenir de la Russie, et qui me paraissent devoir dissiper les craintes que l'état actuel de cet empire a pu inspirer. Ces réflexions sont-elles fondées, ou n'ont-elles aucune base raisonnable ? C'est ce que personne au monde ne peut encore décider. Le temps seul nous l'apprendra.

Concluons maintenant : après avoir passé en revue toute l'Europe, que devons nous craindre ? que devons nous espérer? Les gouvernemens ont encor à leur disposition leur sort et celui des peuples. En ce moment, il dépend d'eux d'assurer leur stabilité et leur tranquillité, et de conserver une grande autorité; mais il faut qu'ils se hâtent de contracter une alliance indissoluble avec les peuples, en reconnaissant leurs droits, en leur donnant des garanties de liberté et de prospérité. S'ils attendent plus long-temps, s'ils s'imaginent follement qu'ils peuvent, avec leurs rouages faibles et usés, continuer de mouvoir ces grandes machines politiques, si enfin ils persistent dans le dessein d'opposer la force à la raison, alors c'est le nombre qui décidera, et ils doivent trembler.

Le grand art des gouvernemens dans les siècles de lumière, c'est de gouverner dans l'intérêt du plus grand nombre. L'amour des peuples est le lien le plus fort qui les attache aux rois, et plus les rois ont d'amis, plus ils ont d'autorité. Gouverner dans l'intérêt du petit nombre, c'est rechercher l'inimitié des masses, et les masses seules sont des puissances.

Le secours de ces masses s'obtient par le système représentatif, et sans ce système on ne connaît pas l'opinion publique, on n'a point de rapport avec elle; on est en guerre avec elle. Les rois à qui on fait tant de peur des représentations nationales, s'ils étaient livrés à leurs propres méditations, y trouveraient tous les avantages dont ils s'imaginent jouir. Dans la position où ils se trouvent aujourd'hui, ne sont-ils pas à la merci de cinq ou six hommes qui composent leurs ministères, et qui sont unis pour faire croire aux princes et pour leur faire faire tout ce qu'il y a d'avantageux, non à l'état, mais à leurs amis et à leurs protégés?

De toutes les prérogatives dont les rois sont si jaloux, laquelle pourraient-ils perdre par l'établissement du système représentatif? La distribution des emplois? le système représentatif la leur abandonne. Celle des grâces et des faveurs? elle leur est laissée aussi. La levée et l'emploi des impôts? ce n'est pas le roi ce sont les ministres qui en sont chargés. Les représentans ne gênent donc que les ministres. L'administration, la législation ne sont pas exercées par les rois ; ce sont uniquement les ministres qui agissent et qui ont intérêt à aveugler leurs maîtres sur les fautes et les crimes commis. Des représentans chargés d'exercer une surveillance active, de signaler et faire punir ces fautes et ces crimes, ne rendent-ils pas aux monarques un immense service, en faisant pour eux ce que leur élévation ne leur permet pas de faire? Ces monarques le sentaient quand ils promettaient des constitutions; mais les ministres ont vu qu'ils seraient forcés d'être honnêtes, dévoués au prince et à l'état, et ils ont rétracté les promesses des monarques !

Mais l'exécution de ces promesses n'est que retardée. Ou les monarques reconnaîtront leur erreur, ou les peuples briseront leur joug. Tout aujourd'hui tend à la liberté constitutionnelle d'une tendance irrésistible. La crise approche, il faut céder ou être entraîné.

Volentem fata ducunt, nolentem trahunt.

REFLEXIONS

SUR

LA RÉVOLUTION

ESPAGNOLE.

Avril 1820.

L'insurrection de l'île de Léon, le 1ᵉʳ janvier 1820, et la révolution qui la suivit et que Dumouriez prévoyait si bien, dans le Coup d'œil politique, étonnèrent l'Europe et frappèrent d'abord les cabinets d'une sorte de stupeur. En Angleterre, en Autriche, en Prusse, en Russie, on ne doutait pas que ce ne fût le signal de la reprise de la grande guerre de la liberté, commencée en 1792, et l'on s'attendait à voir le Portugal, l'Italie et la France imiter plus ou moins l'exemple donné par l'Espagne, former immédiatement le noyau de la Sainte-Alliance des peuples, et bientôt après battre en brèche tout l'édifice du despotisme construit à Vienne, en 1814 et 1815.

Mais quand les gouvernemens virent que deux ou trois mois s'écoulaient sans que la révolution espagnole portât ses fruits à l'étranger, ils reprirent courage et commencèrent à concerter les mesures propres à empêcher la propagation révolutionnaire, en étouffant en Espagne la révolution qui semblait s'y concentrer. Les ambassadeurs ne négligèrent rien pour décider les cabinets de Paris et de Londres à coopérer au grand œuvre.

A Paris c'était facile, M. Pasquier était arrivé de la préfecture de police, en traversant plusieurs ministères, à celui des relations extérieures et à la direction des affaires. Ses collègues étaient de la même force en vues politiques, en amour de la liberté, en sentimens d'indépendance et de dignité nationales. On en obtint ce qu'on voulut, à la condition que, pour marcher plus sûrement, on marcherait tout doucement, et que pour mieux combattre la révolution, on aurait l'air de la reconnaître*.

A Londres, lord Castlereagh, diplomate fondateur de la Sainte-Alliance, était encore ministre des affaires étrangères, et très-disposé à pousser jusqu'à leurs dernières conséquences les principes du nouvel ordre politique qu'il avait contribué à imposer à l'Europe. Mais l'opinion publique en Angleterre n'avait pas approuvé cet ordre politique; de jour en jour elle en apercevait et en signalait les vices, avec plus de perspicacité et de force. Le besoin de réformes sociales se faisait vivement sentir. On les réclamait d'une extrémité à l'autre de l'Angleterre. L'opposition parlementaire se fortifiait, et une partie du ministère même entrevoyait la nécessité d'un changement de système.

* On fait de même aujourd'hui en France. Espagnols, garde à vous ! L.

Parmi eux et au premier rang se trouvait M. Canning, dont l'esprit a pu quelquefois se tromper sur ce qui était juste, mais dont l'intelligence saisissait vite ce qui est beau, dont le cœur sentait vivement tout ce qui est bien, tout ce qui est humain, et dont l'admirable talent savait si bien faire triompher ce qu'il croyait utile. Canning était l'ami de Dumouriez.

Un second ami c'était M. Vansitsart (aujourd'hui lord Bexley) ministre des finances, homme probe, pieux, rempli de bonté, s'occupant peu de la politique étrangère, mais croyant à la liberté; peu favorable à l'alliance de l'Angleterre avec le despotisme continental, blâmant le système suivi par la restauration, et s'enfermant dans sa spécialité quand il ne pouvait faire prévaloir des vues libérales.

Le troisième était le duc d'York, frère du prince régent (depuis George IV), et commandant en chef de l'armée.

Dumouriez qui suivait attentivement tous les mouvemens politiques, et qui était fort exactement informé de toutes les menées diplomatiques, jugea indispensable de les contrarier et de faire entendre le langage d'une haute raison et de sa vieille expérience, à des hommes qui pouvaient le faire prévaloir. Habitué à donner ses conseils dans toutes les circonstances graves, il n'attendit pas cette fois qu'on les lui demandât. Il écrivit et envoya à ses trois amis ses réflexions sur la révolution espagnole.

La conduite du gouvernement anglais envers l'Espagne, surtout en 1823, et l'admirable déclaration de M. Canning à la chambre des communes, lors de l'invasion française, prouvent assez que Dumouriez a été écouté et que son travail a été utile.

En l'écrivant, comme en écrivant son Coup d'œil politique, avec l'intention de publier, le général tenait surtout à ne montrer aucune hostilité personnelle au roi. Il pensait que les rois sont de grands enfans; qu'en enmiellant le vase on les décide à avaler la médecine. Il désirait encore que la restauration se maintînt, en s'appuyant sur la liberté. Il le désirait bien plus qu'il ne l'espérait; mais il craignait bien plus encore que le renversement des Bourbons n'amenât quelque chose de pis. On peut dire aujourd'hui s'il prévoyait juste.

Je n'ai pas besoin de répéter que, moins confiant que lui dans le succès de ses précautions oratoires, et beaucoup moins défiant de l'avenir, je n'en ai pas moins cru devoir laisser l'ouvrage sans corrections et sans suppressions.

Un événement d'une immense importance par lui-même, et dont l'influence sur le reste de l'Europe est incalculable, a réalisé déjà en partie les prédictions que je faisais il y a quatre mois; le despotisme s'est écroulé en Espagne. C'est dans les lieux même où il paraissait le mieux établi, où il régnait dans toute sa force, où il agissait dans toute sa violence, où ses appuis les plus formidables, l'ignorance et le fanatisme, lui présageaient la plus longue existence et une suite de triomphes, c'est là qu'il a subi les premières attaques, et qu'après de vaines tentatives de défense, il a succombé enfin.

La révolution espagnole est complète. Ferdinand VII, détrompé enfin, ayant perdu toutes les illusions dont il était victime autant que son peuple, délivré de l'influence pernicieuse des conseillers et des courtisans qui l'entraînaient à sa perte, a adopté cette constitution qui doit, comme elle l'a fait il y a huit ans, réunir tous les Espagnols, rétablir le véritable pouvoir du monarque et assurer le bien-être de cette nation qui, désormais, ne peut plus être esclave.

Ce mémorable événement considéré dans ses principes, dans son commencement, dans ses développemens, inspire naturellement une infinité de réflexions auxquelles il est bon de se livrer avant que d'en combiner les conséquences naturelles.

Le principe de la nouvelle révolution espagnole, ainsi que de toutes les révolutions, c'est un mauvais gouvernement et une administration plus mauvaise encore. Depuis long-temps la nation et la monarchie espagnoles, qui autrefois exerçaient une prépondérance humiliante pour le reste de l'Europe, perdaient insensiblement toutes leurs forces, toutes leurs richesses, toute leur dignité. On les voyait décliner de jour en jour, et au commencement de la révolution française, elles se trouvaient dans l'impuissance ou d'améliorer leur organisation intérieure ou de combattre la désorganisation de l'extérieur; et, soit qu'elles gardassent la neutralité, soit qu'elles commissent des hostilités, elles le firent toujours à contre-temps, et dans des vues aussi étrangères aux principes de la morale qu'à ceux de la politique.

La conséquence de la conduite du gouvernement espagnol, pendant la révolution française, fut de rendre l'Espagne, non pas l'alliée, mais pour ainsi dire l'esclave de la France. Tandis que celle-ci frayait de nouvelles routes à la marche des gouvernemens et forçait toute l'Europe continentale à y entrer, la première restait immobile et laissait régner les anciennes routines et les vieux abus.

Cependant la classe moyenne de la population espagnole et la classe distinguée sortaient peu à peu, à la faveur des événemens, des langes des préjugés et de la superstition. Des trônes partout renversés ou établis, comme en jouant, avaient dépouillé la monarchie de ce prestige de droit divin et de stabilité qui en faisait la sauvegarde; et tandis que les événemens étrangers montraient l'extrême facilité avec laquelle les couronnes étaient brisées, la conduite du gouvernement espagnol tendait à montrer combien celui qui portait la couronne de la Péninsule et des Indes était dégradé. Un monarque sans connaissances, sans caractère, une reine qu'on ne peut qualifier, un favori tout puissant et visant à quelque chose de plus que le visirat : voilà ce gouvernement. Bonaparte, qui l'appréciait bien, le laissait subsister tant qu'il en pouvait tirer parti, mais il en avait résolu la ruine, car il ne pouvait laisser un trône aux Bourbons, et il n'attendait que l'occasion de le leur ravir. D'un autre côté, les puissances étrangères opposées à la France avaient un mépris égal pour le gouvernement espagnol, et ne pouvant lui faire changer de conduite, ne pouvaient que désirer son bouleversement.

Différentes tentatives avaient été faites et furent renouvelées vainement depuis 1803 jusqu'en 1808 pour ramener l'Espagne, sinon dans une coalition générale pour arrêter les conquêtes de Bonaparte et le restreindre dans l'empire dont il s'était emparé, du moins dans un système de neutralité indépendante qui ne la mît pas à la disposition du fléau de l'Europe, et ne lui livrât pas son or et ses soldats. Au moment où on désespérait de rien obtenir de cette nation par le gouvernement, une intrigue de cour renversa ce gouvernement. Une révolution éclata : un fils ôta la couronne à son père. On ne sait comment la chose se serait terminée, si Bonaparte, se constituant redresseur des torts dans cette affaire dont on ne peut ici donner les détails, n'avait réalisé la fable de l'huître et des plaideurs. Dès lors la révolution prit une autre tournure, et l'arrestation, l'emprisonnement du père et du fils assura à leur famille la conservation de la couronne.

Les détails de la guerre qui suivit cette révolution sont connus ainsi que ses résultats; mais il y a des faits qui se rattachent trop particulièrement aux événemens présens pour qu'il ne soit pas absolument indispensable de les rappeler.

La double abdication de Ferdinand et de son père avaient livré à Bonaparte le trône espagnol. De ces faits il y a à tirer deux conséquences : la première, que le pouvoir absolu des rois est destructif de leur autorité, et que dans leur intérêt même il doit être aboli; la seconde, que ce pouvoir ne peut s'étendre jusqu'à imposer des souverains à une nation.

On dira peut-être que ces deux abdications, loin d'être libres, ont été imposées à des princes malheureux, détenus en la puissance de l'homme en faveur de qui ils faisaient leurs lâches renonciations. Cela est vrai, mais il n'est pas moins vrai que c'est l'exercice de ce pouvoir absolu qui a armé le fils contre le père, et que la première abdication de Charles en faveur de son fils avait été arrachée par la violence. Il n'est pas moins vrai encore que c'est par l'exercice du pouvoir absolu que Ferdinand s'est remis à la discrétion de Bonaparte, et que puisque le pouvoir absolu peut conduire des souverains à de pareilles sottises, il est urgent de le condamner et de le détruire dans l'intérêt des princes.

Le peuple espagnol refusa de reconnaître le chef que lui imposaient ces abdications. Il courut aux armes pour repousser les envahisseurs, et se battit pour Ferdinand, parce que Charles, avant d'abdiquer forcément en faveur de son fils, avait antérieurement abdiqué tacitement, pour ainsi dire, en faveur de Godoï*; et qu'ayant, depuis long-temps, négligé les devoirs ou sacrifié les droits de la royauté, le peuple le recon-

---

* Godoï, amant de la reine, mère de Ferdinand, que la paix avec la France avait fait surnommer prince de la Paix, exerçait la puissance souveraine. Une autre reine à Naples faisait exercer cette puissance, à tour de rôle, par des amans que son inconstance remplaçait souvent. Suétone est bien pâle, si à ses récits on oppose les récits des mœurs de ces cours. Et voilà pourtant les sources des légitimes! L.

naissait incapable des uns et indigne des autres. Le choix du souverain par la nation était alors le seul titre de Ferdinand, puisqu'il ne pouvait se prévaloir d'une abdication qu'il avait arrachée dans le tumulte et au milieu des terreurs d'une insurrection ; et ce droit, dont la nation s'est emparée, a été reconnu par toutes les puissances de l'Europe, qui, tour à tour, et enfin toutes ensemble, ont défendu la cause de l'Espagne, et reconnu la légitimité de Ferdinand.

Au milieu des horreurs d'une guerre épouvantable, soutenue avec un héroïsme et un acharnement sans exemple, en faveur d'un prince prisonnier de leur adversaire, les Espagnols, autant pour régulariser leur défense que pour avoir, après leurs succès et leur délivrance, des garanties contre les maux dont l'exercice du pouvoir absolu les avait fait accabler, assemblèrent les Cortès qui, dans la vacance du trône, organisèrent un gouvernement provisoire, et décrétèrent les lois constitutives qui devaient, par la suite, mettre le trône et le peuple à l'abri des catastrophes auxquelles l'impéritie et l'arbitraire du pouvoir royal les avaient exposés.

Cette constitution discutée, adoptée et promulguée au milieu des armées ennemies qui, après avoir traversé toute l'Espagne, menaçaient le dernier asile de la liberté espagnole, et en l'absence des membres de la famille royale, qui, il faut l'avouer, étaient la cause de toutes les infortunes, devait être fortement imprégnée des principes populaires. En tête de ces principes devait se trouver l'idée abstraite, mal entendue et mal expliquée, de la souveraineté nationale, puisque cette idée seule pouvait justifier la conduite des Espagnols, ou dans leur refus de rejeter les deux abdications, ou dans leur constance à ne reconnaître pour roi que Ferdinand VII. Loin donc de leur en faire un crime, il me semble qu'on aurait plutôt droit de s'étonner que, dans les circonstances où la nation et ses représentans se trouvaient, subissant la peine des fautes du gouvernement monarchique, ils aient eu assez de sagesse pour ne pas abolir ce gouvernement et réorganiser l'Espagne avec des formes républicaines. Jamais peuple n'eut une occasion aussi favorable à l'exécution d'un pareil projet; et en résistant à cette tentation séduisante, les Cortès et le peuple espagnol ont donné la preuve la plus éclatante de leur raison, de la pureté de leurs intentions et de leur amour et de leur fidélité envers cette malheureuse dynastie des Bourbons à qui il ne restait plus rien, et dont les Espagnols sont les sauveurs.

Quant aux limites qu'ils ont données, par la constitution, à l'autorité du roi, sans vouloir décider si elles ne laissent pas assez d'étendue à l'exercice de cette autorité, il est évident que, puisque cette autorité était détruite, anéantie en Espagne, et que les Espagnols seuls, au prix des plus grands sacrifices, la relevaient, la reconstruisaient, ils avaient le droit de la modifier suivant qu'ils le jugeraient convenable aux intérêts de la nation; d'ailleurs le prince en faveur de qui ils la rétablissaient, et à qui ils voulaient la remetrre, ne pouvant y avoir d'autre droit que le vœu national, était dans l'obligation de se soumettre à ce vœu dans toute son étendue. En vertu du principe de droit divin, principe condamné par la raison et rejetté en Angleterre, Charles II aurait pu dire que son autorité légitime ne devait pas être restreinte, que tout ce qui avait été fait était nul et non avenu; mais Ferdinand, dont l'avénement au trône ne reposait pas sur cette base, ne pouvait entretenir la même opinion et parler le même langage, sans la plus absurde inconséquence.

Sans doute cette belle constitution a des défauts, mais ils sont en petit nombre et faciles à faire disparaître. Le libre exercice des cultes est aujourd'hui un besoin pour toutes les nations, et l'Espagne doit le reconnaître tôt ou tard. Alors l'article de la constitution qui n'autorise que l'exercice du culte catholique disparaîtra, pour faire place à une disposition plus tolérante et plus conforme aux lumières du siècle. Les Espagnols sentiront aussi que la représentation nationale, dans ses rapports avec le monarque, dans la discussion des intérêts de l'état, a besoin d'un corps intermédiaire et modérateur: Car, ou le roi sera toujours forcé de céder, et alors son autorité est nulle; ou, par des moyens illicites, il maîtrisera les Cortès et établira le plus affreux despotisme, celui qui a les formes populaires, et alors il n'y a plus de liberté *.

* Deux corps législatifs séparés conduisent au même résultat; la restauration l'a bien prouvé, et nous le voyons bien mieux aujourd'hui; mais le corps modérateur dont Dumouriez demandait l'établissement n'avait rien de commun avec notre pays, ni par sa constitution, ni par son personnel. Jamais homme n'a eu plus de mépris pour cette pairie, et certainement ce qu'elle est aujourd'hui aurait ajouté à ce sentiment. L.

Voilà les seuls défauts que présente cette constitution, créée au milieu des ruines de l'Espagne et qui lui promettait une longue suite de jours prospères, quand la chute de Bonaparte brisa les fers des princes captifs, et permit à Ferdinand d'aller recevoir la couronne qu'on avait préparée pour lui, au préjudice des droits de son père. L'aveuglement le plus absurde où les conseils les plus pervers ont pu seuls engager ce prince à adopter le système qu'il a suivi. Comment en effet aurait-on pu s'imaginer que celui à qui un peuple avait donné tant de gages d'amour, à qui il avait sacrifié tant d'or et de sang, au nom de qui il affrontait tous les dangers, ne répondrait à un aussi héroïque dévouement que par la plus noire ingratitude; accepterait le trône, mais en renverserait toutes les barrières; repousserait, insulterait, condamnerait à l'exil ces grands citoyens qui, au jour de ses malheurs, lui étaient restés fidèles, avaient plaidé sa cause, en l'unissant à celle de la royauté, avaient rallié tous les citoyens, ranimé, entretenu, exalté leur courage et enfin terminé glorieusement la vaste entreprise du salut de leur pays!

C'est ce qui arriva, et dès lors il était facile

de prévoir que, loin d'assurer son autorité et d'affermir le trône sur lequel il remontait, le prince en dispersait tous les appuis. Les mécontentemens devaient conduire à des révoltes, ces révoltes à des supplices, ces supplices à de nouveaux mécontentemens, et l'Espagne a parcouru cet horrible cercle pendant six ans, jusqu'à ce qu'enfin ce mécontentement éclatant avec une nouvelle force, et bravant les faibles obstacles qu'on lui opposait, renversa le colosse aux pieds d'argile du despotisme.

Ce n'est pas seulement l'abolition de la constitution des Cortès, les persécutions contre ses auteurs et ses partisans, les proscriptions lancées contre les plus grands citoyens de l'Espagne, qui ont amené la dernière révolution. Tout cela a pu lui servir de motif, de justification et d'appui, mais ne l'aurait pas fait éclater. Les supplices infligés aux hommes qui ont acquis, par leurs services, une grande réputation, et qui ont droit à l'amour et à la vénération des peuples, leur causent sans doute une profonde douleur, mais ne suffisent pas pour les appeler à la vengeance. Ces grands coups portés par la tyrannie, la représentent comme tellement forte, qu'on n'ose entretenir l'idée de lui résister, dans la crainte d'être victime. Cette patience des peuples devient l'encouragement du despotisme. Parce qu'il a impunément écrasé les grands, il croit que rien ne lui sera plus difficile avec les petits; et comme il est au dessous de sa dignité de s'en prendre aux individus de cette classe, il attaque les masses, et alors il est perdu.

Par sa détestable et stupide administration, le gouvernement espagnol tourmentait la partie éclairée de la nation, et, en même temps, épuisait les faibles ressources du trésor, tandis que, d'un autre côté, son obstination à soumettre les colonies au joug déshonorant qui pesait sur la métropole, le forçait à s'affaiblir en Europe, dans l'espérance illusoire de se fortifier en Amérique. Cette guerre, dont le résultat n'était pas douteux, non-seulement privait l'Espagne des richesses qu'elle tirait de ses possessions transatlantiques, et qui, depuis deux siècles, étaient son unique ressource, mais encore la forçait à employer tous les faibles moyens qui lui restaient pour réaliser un vain projet, et les absorbait tous. Il était impossible de tenter à main armée la pacification des vice-royautés américaines, à moins de le faire avec des forces considérables. La levée, l'armement et l'équipement de vingt mille hommes destinés à cette entreprise put à peine s'exécuter. L'entretien et la solde de ces troupes ne pouvant être assurés, et les soldats, inquiets sur leur avenir, ne prévoyant que des désastres, des défaites, dans l'expédition qu'on allait faire, et mécontens déjà de la misère qu'ils enduraient, rompirent tous les liens de la discipline, et se révoltèrent.

Les soldats avaient deux motifs de rébellion : ils n'étaient pas payés, et ils ne voulaient pas aller en Amérique; mais ces deux motifs, personnels à l'armée, n'étaient pas suffisans pour rattacher le peuple à sa cause; il fallait même se garder de donner de pareilles causes à la révolte. Le succès dépendant de l'union de la nation, il était urgent d'invoquer cette union, en présentant un but national; et on proclama la constitution des Cortès que Ferdinand avait abolie. Dès lors le sort de l'Espagne fut décidé.

Ce fut l'armée qui commença la révolution en Espagne, mais quelque satisfaction que doive causer le résultat de cette révolution, il est impossible de ne pas regretter qu'elle ait eu un pareil commencement. L'armée ne doit jamais, dans aucun pays, imposer des lois ou une forme de gouvernement. Car, si aujourd'hui elle veut une constitution et l'établit, demain elle peut n'en plus vouloir et la détruire, et bientôt, comme les gardes prétoriennes, elle mettra l'empire à l'encan.

Ce malheur du commencement de la révolution espagnole qui lui imprime une tache, appartient au siècle où nous vivons. Les gouvernemens n'ont jusqu'ici trouvé d'autre moyen d'exercer un pouvoir sans contrôle que de se servir des armes des soldats pour anéantir et punir toute résistance. Il serait étrange que ces soldats ne s'aperçussent pas que ce sont eux qui font la force des gouvernemens, et qu'après avoir été si souvent les instrumens des volontés et des caprices d'un ministre, ils ne fussent pas quelquefois tentés d'être les instrumens de leur propre intérêt, de leur propre volonté.

Le système militaire universellement établi, met donc constamment les rois et les peuples à la merci des hommes qui ont un fusil et des cartouches. Il n'y a qu'un moyen d'échapper à ce danger, c'est de rappeler l'armée à l'esprit de son institution, c'est de la rappeler au sentiment du seul devoir qui puisse lui être imposé, celui de repousser les invasions de l'ennemi et de venger les outrages que les nations étrangères commettraient contre son pays ; c'est de lui faire sentir que les détails du gouvernement et de l'administration ne demandant que de la vérité, de la raison et de la justice, et non pas de la force, elle ne doit pas y intervenir ; c'est enfin de faire sentir à tout soldat que sa destination étant de défendre sa patrie contre les attaques extérieures, il se couvre d'infamie quand, sous quelque prétexte que ce soit, il tourne ses armes contre ses concitoyens. La raison humaine, qui, s'éclaire de plus en plus, et qui recueille toutes les leçons de l'expérience, finira par faire adopter ce principe, et par vouer à l'exécration ou ces ministres qui livrent les peuples à l'exécution militaire, ou les conspirateurs qui poussent les armées au renversement des trônes *.

Mais tant que les chefs des gouvernemens, tant que les ministres, regarderont l'armée comme un instrument d'administration, et l'emploieront contre les citoyens, qu'ils n'espèrent pas être à l'abri de ses attaques. On se lasse

---

* Nous recommandons ce passage remarquable à l'attention de nos lecteurs, là se trouve tout l'avenir des peuples. L.

de massacrer des hommes sans défense, et ceux-là même qui, sur l'ordre d'un seul, ont déchargé leurs armes sur une foule de citoyens, peuvent bien le lendemain, émus par les plaintes et les gémissemens du reste de ces citoyens, tourner et décharger ces mêmes armes contre l'ordonnateur de la veille. C'est ce qui est arrivé en Espagne.

Les citoyens délivrés de la crainte inspirée par la conduite antérieure de l'armée, qui avait laissé sacrifier les plus braves de ses chefs, ne la virent pas plus tôt déclarée, qu'ils se livrèrent avec enthousiasme aux expressions de leurs sentimens. Partout on proclame cette constitution à laquelle on est d'autant plus attaché qu'on en a davantage senti le besoin, pendant les six années auxquelles on vient d'échapper. C'est en vain que le gouvernement veut comprimer le mouvement qui entraîne toute la nation; c'est en vain qu'il fait marcher des troupes, sous des chefs à qui il accorde une confiance mal placée; rien ne peut résister, la révolution poursuit sa marche triomphante et va enfin se faire sanctionner par Ferdinand au milieu de la capitale.

Si on a blâmé le commencement de cette révolution; si on a regretté que l'armée, qui doit être indifférente dans les affaires intérieures, en ait donné le signal, on ne saurait assez louer la sagesse et le calme qu'ont déployés cette armée et la nation dans de pareilles circonstances. Aucune effusion de sang n'a souillé la régénération du peuple espagnol, depuis le premier janvier jusqu'au moment où le roi, se rendant au vœu général, accepta le pacte que lui présentait son peuple *; mais au milieu de la joie qu'inspirait ce grand et heureux événement, une grande atrocité se méditait et se commettait.

L'histoire de l'Espagne offre sans doute l'exemple d'affreux massacres, et de la plus noire perfidie. Rien cependant n'est comparable à l'attentat qui, le 10 mars, a inondé Cadix du sang de ses habitans. Ici ce ne sont point les révolutionaires qui égorgent leurs adversaires, ce sont les hommes du despotisme qui, par une trame infernale, et au signal de la paix, massacrent des citoyens désarmés.

Un monstre, quel nom lui donner? le géné-

---

* Quelques combats ont été livrés par les partisans du despotisme ; ces combats n'ont pas pesé sur le peuple, et n'ont servi qu'à faire éclater le courage et la modération des constitutionnels qui, par leur conduite, ont hâté la détermination du roi. L.

ral Freyre, jure le 9 fidélité à la constitution, et baise le livre qui la contenait : lui-même il appelle le peuple à la proclamer solennellement le lendemain, et lorsque ce peuple se livre à la joie, et prononce publiquement le serment d'être fidèle à cette loi première de la monarchie, dans cette ville où commande Freyre, les soldats à ses ordres commencent un horrible carnage. A peine on peut croire que tant de rage unie à tant de dissimulation ait pu entrer dans l'âme d'un général, dont la conduite antérieure promettait autre chose ; mais la suite ne laisse aucun doute sur la perfidie de Freyre : obligé de fuir de Cadix, après l'imparfaite exécution de son projet, il ose envoyer dans toutes les villes de son gouvernement, l'ordre d'abolir cette constitution odieuse à la tyrannie, et de faire rétracter tous les sermens qu'on avait prêtés.

La coïncidence de ce fatal événement avec le danger qu'a couru le colonel Riego par la perfidie du général O'Donnel, semblable à celle de Freyre ; la tentative avortée du général Castanos contre Barcelonne ; la conduite douteuse des trois O'Donnel, qui paraissent encore intercepter les communications entre les provinces du sud et la capitale : tout semble prouver que le massacre de Cadix n'était qu'un acte du grand drame que l'on voulait jouer en Espagne et dont tous les rôles étaient distribués. Malgré ces atrocités commises et celles méditées encore, le succès de la révolution est assuré. L'horreur qu'inspirent généralement les moyens employés pour l'arrêter contribue encore à son triomphe, et bientôt une procédure instruite devant les Cortès assemblés débrouillera cette intrigue infernale, et livrera à la justice nationale les auteurs et les complices de ce cruel attentat, qui ne peut rester impuni, sans honte et sans danger *.

Quelles doivent être les conséquences de cette révolution? Quelle influence doit-elle exercer sur le reste de la Péninsule et sur l'Europe? Voilà ce qu'il est important d'examiner, au moment présent.

Tous les gouvernemens de l'Europe qui persistent à méconnaître les droits des peuples et à gouverner par la loi du bon plaisir, ont dû voir avec indignation le réveil de ce peuple qui pa-

---

* Le gouvernement constitutionnel, qu'on a depuis accusé de tant de crimes et de cruautés, a au contraire porté à l'excès sa modération. Les masacres de Cadix sont restés impunis! L.

raissait si profondément assoupi sous le joug. Toutes les illusions du pouvoir absolu ont dû être dissipées, quand, à l'extrémité sud-ouest de l'Europe, l'instrument de ce pouvoir, échappant des mains de ses maîtres, voua obéissance à la reine des siècles éclairés, l'opinion publique. Il faut donc s'attendre à une lutte, après la victoire que la liberté vient d'obtenir. Les événemens de l'Espagne ne sont que les premières hostilités entre deux grandes puissances qui se partagent le monde, le libéralisme et le despotisme. Recherchons donc quels sont les moyens de chacune de ces puissances; où, quand et comment commenceront les nouvelles hostilités.

Le libéralisme est épidémique ainsi que le despotisme. On ne peut s'en approcher sans danger. La fréquence et l'intimité des relations entre tous les cabinets les entraînent nécessairement tous à l'acquisition du plus grand pouvoir possible, dès que les puissances prépondérantes exercent une autorité arbitraire. De même la fréquence et l'intimité des relations entre les peuples, doivent les conduire à la plus grande indépendance possible, lorsque les principaux de ces peuples ont établi leur liberté. L'influence de la révolution espagnole sera donc en proportion de l'étendue de ses rapports avec les nations voisines.

Le premier peuple qui doit ressentir cette influence, c'est sans doute le peuple portugais, que la nature semble avoir destiné à ne faire qu'un avec l'Espagne, et que les circonstances actuelles forcent nécessairement à prendre pour exemple la conduite de ses voisins. Le Portugal ne peut pas rester soumis au pouvoir absolu du monarque, dès que l'Espagne jouit d'un gouvernement constitutionnel. Sans doute cette nation, quoique déchue entièrement, quoique privée d'un gouvernement local et réduite à l'état de colonie de l'empire du Brésil, n'est pas aussi malheureuse que l'était l'Espagne en 1819. Le même désordre dans l'administration y règne, la même pauvreté s'y fait sentir, on y voit partout le même épuisement; mais il n'y a pas, comme il y avait en Espagne, cet esprit de violence et de persécution qui change en haine le mécontentement des peuples et leur inspire des désirs de vengeance. Le maréchal Beresford a du moins réussi à éviter au Portugal les scènes horribles qui ont justement fait maudir l'ancien gouvernement espagnol, et qui auraient été imitées à Lisbonne, si l'ancienne cour y était revenue. L'influence de l'Angleterre sur ce royaume, si elle a été nuisible sous beaucoup de rapports, lui a certainement évité de grands maux, et aurait pu maintenir l'état de choses actuel, si la libération des Espagnols n'était pas venue donner de l'activité au sentiment du mal, inspirer le désir de le faire cesser, et en indiquer le moyen.

Une révolution en Portugal, exécutée à la manière de celle d'Espagne, me paraît donc inévitable et prochaine. L'armée portugaise, qui n'est guère en meilleur état que l'armée espagnole, en voyant le succès de celle-ci, en entendant les éloges dont cette armée libératrice est comblée par des citoyens reconnaissans, croira ne pouvoir mieux améliorer son sort et celui de la nation, qu'en proclamant la nécessité d'un changement, le renversement du gouvernement actuel, et l'établissement d'une constitution quelconque. Les officiers anglais qui se trouvent dans cette armée, et qui, dans leurs relations avec leurs collègues portugais, ont apporté des idées et des habitudes de liberté et d'indépendance puisées dans l'éducation et les lois de leur pays, auront déjà éclairé une partie de l'armée sur les avantages des gouvernemens libres et représentatifs. Lorsque ces idées éclateront, les officiers anglais n'y opposeront qu'une faible résistance, il essaieront, mais en vain, de rappeler l'armée aux lois de la discipline, et finiront par être entraînés; ou plutôt, en conformité avec leurs principes et avec leurs devoirs, ils refuseront de prendre part au mouvement, ni pour ni contre, et laisseront aller les événemens.

Si par une surveillance plus active sur l'armée, par des mesures bien combinées, sans cependant être sévères (car cela hâterait la catastrophe au lieu de la prévenir), le gouvernement portugais parvenait à s'assurer de la fidélité de l'armée, il ne devrait pas pour cela se croire à l'abri de tout danger; car la nation ayant toujours les mêmes motifs de mécontentement, et voyant toute l'Espagne s'organiser constitutionnellement, n'attendra pas le signal de l'armée pour réclamer son indépendance. Des soulèvemens auront lieu sur les différens points du royaume, et alors que fera l'armée? Il est possible qu'elle croie avoir assez fait en ne se déclarant pas la première, et qu'elle refuse d'agir contre un peuple qu'il est de son devoir de défendre, et contre une cause qu'elle croit bonne et nationale. Ce mode de révolution est selon moi bien plus avantageux que le premier : il honorerait l'armée portugaise en la montrant à la fois fidèle et citoyenne : tandis que, quelque favorables que soient les résultats de l'insurrection militaire, il y a toujours un certain air de rébellion et de manque de foi qui les ternit. Il y a, on ne peut le nier, des occasions où la révolte contre un gouvernement quel qu'il soit est légitime, et où l'armée et ses chefs doivent en donner le signal, lorsque personne n'oserait le faire : j'avoue qu'il est assez difficile de préciser ces occasions, et qu'il faut qu'elles soient bien urgentes; mais il y a des exemples de cette urgence, et je ne balance pas à dire que, si j'avais commandé les troupes de Charles IX lorsqu'il ordonna la Saint-Barthélemi, je me serais révolté, comme je l'ai fait, malheureusement sans succès, contre le gouvernement des Jacobins et de la Montagne.

Si, contre toute probabilité, l'armée ne se contentant pas de ne pas donner l'exemple du soulèvement, ne gardait pas la neutralité, et se croyait obligée à l'obéissance, si elle consentait à combattre le mouvement national, quel en serait le résultat? Je ne pense pas qu'il serait autre que le succès de la révolution : car l'armée portugaise est trop faible, pour résister à la population depuis Bragance jusqu'au cap St-Vincent, c'est-à-dire d'une extrémité à l'autre du royaume. Il faudrait au moins cent mille hommes armés pour étouffer l'insurrection, et le Portugal n'a ni ne peut lever de pareilles forces; et avec celles dont il pourrait disposer aujourd'hui, il aurait bien de la peine à contenir Porto, Lisbonne et cinq à six places fortes sur les frontières d'Espagne, d'où la révolution pourrait bien arriver aussi à main armée.

Je ne m'arrête pas à cette idée, car quoique j'en conçoive la possibilité, je n'en pourrais trop condamner l'exécution. La nation espagnole doit se bien garder de prétendre propager ses principes par la force. Toute tentative de sa part, pour faire prévaloir la liberté par les armes chez ses voisins, serait un attentat à l'indépendance de ces peuples, et justifierait les attaques que les gouvernemens absolus se résoudraient à faire contre la constitution d'Espagne. Cette nation doit, pour ainsi dire, ne pas regarder autour d'elle. Sa seule occupation doit être son organisation intérieure, l'application des lois constitutionnelles à ses intérêts et à ses besoins présens et futurs, la réunion de tous les partis autour des nouvelles lois fondamentales de la monarchie, le rétablissement de l'ordre dans ses finances et la prompte organisation d'une armée assez forte pour en imposer à ceux qui voudraient l'attaquer. En réparant ainsi les maux d'une guerre terrible et d'un affreux despotisme, en faisant cette alliance du bonheur et de la liberté de la patrie, elle montrera bien mieux les avantages de sa constitution, et excitera bien plus, chez les nations encore enchaînées, le désir de les obtenir, qu'en y envoyant des émissaires ou des soldats. L'évangile de la liberté ne fait pas de conversions par la force. La révolution française l'a bien prouvé. Que les Espagnols l'étudient, ils y trouveront de la manière la plus claire tout ce qu'ils doivent faire et tout ce qu'ils doivent éviter.

L'influence de la révolution espagnole sur la France se fait déjà sentir, mais en sens inverse de l'action qu'elle doit avoir sur le Portugal. C'est avec douleur que je reporte aujourd'hui mes regards sur ma patrie. Aucun peuple, aucun gouvernement ne possède autant d'élémens de bonheur et de tranquillité, et cependant je le vois rentrer dans la route du despotisme et des révolutions. Des ministres sans caractère moral, sans probité politique, presque tous anciens agens du despotisme de Bonaparte, ont cru servir la famille des Bourbons, en l'établissant sur l'échafaudage tyrannique de l'usurpateur du trône qui leur a été rendu. Le sage et vénérable monarque qui avait concilié tous les vœux et donné des sécurités à tous les intérêts par sa charte constitutionnelle, et qui voulait mettre son travail à l'abri des attaques d'un parti incurable, les avait appelés pour l'aider dans cette patriotique entreprise, et ils ont trompé sa confiance; ils ont contrarié ses désirs, ils ont porté une main profane sur l'œuvre royale, sur cette arche de salut, et, depuis leur arrivée au pouvoir, ils ont constamment éveillé des inquiétudes, lésé des intérêts, soulevé des mécontentemens, et inspiré une défiance générale contre les desseins d'un monarque probe et éclairé, et de toute la famille qu'ils semblent avoir pris à tâche de rendre odieuse aux Français, dont le roi ne veut que le bonheur.

A quelle autre cause peut-on attribuer le crime affreux qui vient de plonger la France dans le deuil et qui a rempli d'horreur tout être pensant? Une mauvaise administration et la violation des droits nationaux arrachent des plaintes, les meilleurs citoyens y prennent part; tous demandent le maintien des garanties accordées par Louis XVIII, et les ministres, loin de rentrer en eux-mêmes et de se hâter de rétablir le calme et la confiance, osent pousser plus avant dans la fausse route qu'ils se sont frayée. Tout le monde s'épouvante. La révolution éclate à Cadix, au milieu de ces débats, comme si le ciel avait voulu, pour sauver la France, signaler aux ministres les dangers du despotisme : ils sont sourds à cet avis, ils persistent et marchent avec plus d'ardeur à leur but. Les plaintes et les inquiétudes augmentent. Un fanatique, un monstre médite la ruine de l'auguste famille à qui il attribue le mal que souffre son pays : il s'arme, et un prince jeune et intéressant tombe sous le poignard! Digne héritier de Henri IV, le duc de Berry pardonne avant d'expirer.

Au milieu de la consternation générale, d'affreuses accusations retentissent. L'une atteint le ministre que le monarque honorait de son amitié, et qui avait eu le tort de ne pas répondre dignement à sa confiance. Ce ministre est forcé de quitter les conseils de son maître, et reste sous le poids de l'accusation de complicité dans le forfait de Louvel *. D'autres attribuent cet attentat aux idées libérales, et d'autres enfin veulent faire expier par la nation entière le crime qu'elle voue à l'exécration. Le ministère nouveau, si on peut donner ce nom à un changement nominal partiel dans le conseil du prince, réclame des mesures de rigueur qu'appuie un parti violent, que combat le parti éclairé, et qu'un parti mitoyen et peu nombreux, rempli de science et d'imprévoyance, fera accorder con-

* L'accusation a été énoncée à la tribune même des députés; l'organe de l'accusation, M. Clausel de Coussergues, la reproduisit avec beaucoup de détails dans un écrit assez volumineux, et fut bientôt après nommé conseiller à la Cour de Cassation. M. Decazes vint silencieusement prendre possession de l'ambassade de Londres. Mais en Angleterre les hommes politiques n'ont pas cette prodigieuse impassibilité, et l'apprécient fort mal; aussi aucun ambassadeur français n'a jamais été plus dédaigné, plus délaissé que M. Decazes.

Aujourd'hui on ajoute à cette accusation des particularités qui donneraient un autre complice à l'ex-ministre; ces particularités m'ont été communiquées par une personne digne de foi, et dont la position lui permettait de voir beaucoup de choses et de les voir bien. Ce qui m'a frappé le plus c'est le renouvellement de la scène de Cromwell au cercueil de Charles Ier; mais ce qui me fait douter de la vérité du récit, c'est qu'on ne le reproduise pas hautement. L.

stamment, ainsi qu'il l'a prouvé dans les deux dernières discussions sur la liberté individuelle et la liberté de la presse. Il faut gémir sur l'aveuglement de ces hommes qui, fiers de leurs doctrines, croient pouvoir les faire prévaloir en les séparant des libertés publiques ; bientôt ils recueilleront le prix qu'ils ont mérité : c'est eux que leur patrie accusera de tout le mal qui a été fait ; tandis que les vainqueurs, les payant d'ingratitude, les écraseront sur les vaincus.

Le parti qui triomphe en France est certainement bien contraire à la liberté, et la révolution d'Espagne est pour lui un nouveau motif de redoubler de vigilance et de rigueur. Si sa puissance continue et se consolide, il entraînera le ministère et finira par le renverser ; alors il ira plus directement à son but : maître du gouvernement, il se servira de l'arbitraire qu'il trouvera tout établi, pour détruire pièce à pièce l'édifice nouveau de la monarchie constitutionnelle, et rendre à la France ce qu'il appelle son ancienne constitution.

Mais il lui faudra du temps pour arriver à ce but : la nation tout entière est bien éloignée de favoriser ces entreprises. Les nombreuses pétitions qui ont été présentées de tous les départemens, pour réclamer le maintien de la charte, annoncent assez que le renversement du système constitutionnel ne sera pas facile. Si les ministres, entraînés par l'inquiétude que leur cause l'établissement d'une constitution libre en Espagne, emploient tous leurs moyens pour restreindre et anéantir les libertés françaises, le peuple, de son côté, trouvera, dans la conduite des Espagnols, de nouveaux motifs pour défendre les droits qui ont été reconnus et spécifiés par le roi : alors nécessairement une nouvelle lutte s'engagera; et quels malheurs en résulteront!

Contre tous les dangers qui menacent la France, et qui tous ont été préparés par le ministère actuel et par le précédent, dont il a fait partie, et dont il adopte toute la fausse politique, la France n'a de secours à attendre que de la grande instruction et de la sagesse de Louis XVIII. C'est à ce prince lui-même qu'il faut s'adresser, c'est à lui qu'il faut signaler la mauvaise administration des ministres qui le trompent. C'est à lui qu'il faut se plaindre, comme au meilleur des pères, de la violation de sa parole par les hommes qu'il a chargés d'y être fidèles et de la faire exécuter ; c'est à lui enfin qu'il faut demander avec confiance de délivrer un peuple qui le chérit, et dont il veut le bonheur, de ses maux et de ses inquiétudes. Le monarque qui s'est glorifié de sacrifier aux lumières et aux besoins de son siècle, doit être pour les Français l'asile de toutes leurs espérances, et ces espérances il les réalisera. Il lui suffira d'être instruit du péril auquel on l'expose, lui et son pays, pour le faire cesser *.

Mais quand même le ministère actuel conserverait le pouvoir, ou quand même, ce qui est plus probable, il serait forcé d'abandonner l'administration, et de céder les rênes de l'état à des hommes tout aussi malintentionnés, mais plus violens, ils ne pourront de long-temps attaquer ouvertement la constitution Espagnole, parce

* C'est en 1820 que Dumouriez traçait avec tant d'exactitude le tableau de l'avenir de la France, et donnait ces conseils, en leur prêtant les formes de l'espérance et de la confiance. Aujourd'hui, en voyant ce que font les mêmes hommes, le vieillard, s'il vivait encore, éprouverait des craintes bien plus vives ; mais il ne pourrait plus, en les exprimant, terminer de la même manière, et chercher à se rassurer, en tentant d'éveiller des sentimens de haute raison et de justice. Il semble en vérité qu'une couronne, en tombant sur une tête, rabatte les paupières et les oreilles de manière à empêcher de voir et d'entendre. L.

que l'opinion publique, leur étant contraire, éclaterait partout contre un pareil projet. L'armée et les finances de la France d'ailleurs ne permettent pas de penser à une telle entreprise. Il faudrait plusieurs années d'exercice d'un pouvoir presque absolu pour oser faire une tentative aussi dangereuse, et avoir l'assentiment et l'appui non-seulement des grandes puissances de la Sainte-Alliance (le ministère français en est certain, s'il prend cette résolution), mais de l'Angleterre; et cela n'est pas aussi assuré.

La nation anglaise, dont les habitudes de liberté sont enracinées, a vu sans étonnement, mais non pas sans une vive satisfaction, les derniers événemens de l'Espagne. Le ministère qui est éclairé, qui toujours est obligé de suivre le cours de l'opinion nationale, ne saurait être indifférent à cette révolution, quelle que soit d'ailleurs son opinion sur la constitution des Cortès. L'Espagne libre et régénérée devient l'alliée naturelle de l'Angleterre, qui n'a d'appui, contre l'alliance des monarchies absolues, que les nations administrées constitutionnellement ; et sous ce rapport, le cabinet de Saint-James doit voir avec plaisir le changement qui s'est opéré dans la péninsule. Les relations des deux pays, pendant la dernière guerre, qui auraient dû procurer de grands avantages aux Anglais après la paix générale, ne lui avaient presque rien obtenu, et la conduite du gouvernement de l'Espagne depuis 1814 rendait cette puissance inutile au reste de l'Europe. Il n'en sera pas de même à l'avenir, et l'Angleterre doit être la première à profiter des avantages que la liberté, l'activité et l'industrie rendront à ce beau pays.

Sous le rapport de l'intérêt, le ministère anglais doit applaudir à cette révolution. Sous le rapport des principes, il fait cause commune avec elle. La constitution anglaise n'est pas une concession du monarque, c'est une loi qui lui a été imposée par la nation. En Angleterre on reconnaît que le peuple a le droit d'intervenir dans le gouvernement, qu'il faut des constitutions et que le peuple a le droit de faire ces constitutions : on va plus loin, on condamne la royauté de droit divin, et on proclame que le peuple a le droit de déposer son chef et d'en élire un autre, si ce chef viole le contrat qu'il a fait avec son peuple. De tous ces droits que le peuple anglais reconnaît, dont il a usé, et même une fois abusé, les Espagnols ne réclament et n'exercent que le premier, et malgré les justes inquiétudes que Ferdinand VII doit encore leur inspirer, ils reconnaissent ses droits à la couronne. Il n'y a donc rien dans la révolution espagnole qui puisse blesser les lois monarchiques de l'Angleterre et exciter le mécontentement de ses ministres ; au contraire il y a une identité de principe, et par conséquent motif d'union.

Il serait possible que le Portugal changeât cette manière de voir, et que la crainte trop fondée que ce royaume n'imite la conduite de ses voisins, inspirât quelque inquiétude. Cependant je compte trop sur la sagesse du ministère britannique pour croire qu'il veuille sacrifier les intérêts de toute une nation aux intérêts que pourrait léser une révolution en Portugal. Je suis même persuadé que ce ministère, bien plus éclairé, bien plus habile que tous ceux des autres puissances, jugera bien plus sainement les événemens qui viennent de se passer, et que, loin de trouver dans l'établissement de la liberté des motifs pour agir avec plus de rigueur, il y verra au contraire la preuve du besoin d'institutions libérales et la nécessité d'éviter, en les accordant, les mouvemens insurrectionnels par lesquels le peuple voudrait les obtenir. Sans doute, si le roi de Portugal n'avait pas abandonné ses états européens, si, au lieu de rester au Brésil, il était revenu à Lisbonne, le gouvernement anglais emploierait toute son influence pour l'engager à établir lui-même, et avant que le mécontentement de son peuple ne l'y contraigne, une constitution et le système représentatif. Au reste, lord Beresford, qui remplit aujourd'hui les premières fonctions dans ce royaume, se sera hâté sans doute de communiquer toutes les nouvelles relatives à l'Espagne, au souverain qu'il a l'honneur de représenter, et lui aura mandé toutes les mesures qu'il est urgent de l'autoriser à prendre. Cette marche qui se présente tout naturellement, si elle est adoptée, permettra d'espérer que le Portugal obtiendra, sans mouvement et sans secousse, ce qui est aujourd'hui le besoin de tous les peuples; mais il n'y a pas de temps à perdre : le moindre retard peut être regardé par l'opinion publique comme une résistance, et l'engager à des efforts que tout homme sage doit s'empresser de prévenir. Les gouvernans doivent savoir aujourd'hui que, sous le rapport de droits populaires, il y a plus d'économie à donner qu'à laisser prendre *.

* Il est vrai que le peuple, dans ce cas, prend toujours

Si le maréchal de Beresford, trompé sur sa situation et sur ses forces, croyait n'avoir rien à craindre, ou être capable de résister, il est hors de doute que la révolution éclatera, que son armée, si elle n'en est pas le premier moteur, ne la combattra point, ou que, si elle la combat, elle sera vaincue; et alors la nation, mécontente de ces étrangers qui auront voulu perpétuer son esclavage, les rejettera de son sein, et, dans l'absence de son roi, s'organisera avec des formes plus indépendantes encore que l'Espagne. Il est à désirer que les Portugais ne rejettent ni le gouvernement monarchique ni la dynastie de Bragance, ce qui les exposerait aux discordes civiles et aux attaques de l'extérieur. Puissent-ils être assez sages pour rappeler leur monarque, et, en l'attendant, préparer le contrat qui devra assurer la solidité et le bonheur de leur nouvelle union !

De quelque manière que s'accomplisse la révolution du Portugal, le gouvernement anglais n'a aucun intérêt à la combattre tant que le Portugal reste indépendant de l'Espagne. Ce n'est cer-

beaucoup, et que souvent il prend tout; mais il ne sait pas garder. C'est là ce qu'il faudrait lui apprendre. L.

tainement pas parce que la nation établirait un nouveau système de gouvernement, et parce que ce système limiterait l'autorité royale, que le cabinet de Saint-James interromprait des relations amicales qui lui sont avantageuses, et retournerait à l'état de guerre qui lui a fait tant de mal, et dont on ne saurait calculer les conséquences. Ce cabinet d'ailleurs s'est aperçu du danger des concessions qu'il a faites à l'absolutisme, et déjà il en a solennellement séparé sa cause. Les ministres de l'Angleterre ne sauraient se déclarer les ennemis des droits des nations, sans saper les fondemens de leur autorité, et sans perdre l'occasion la plus favorable de reparaître à la tête de l'Europe avec l'éclat qui convient aux gouvernans d'une grande nation. Un instant d'égarement, causé par l'ivresse de la victoire, a été depuis suivi par la réflexion et par des regrets. Aujourd'hui l'Angleterre, qui avait soulevé toute l'Europe contre la tyrannie d'un seul homme, doit voir qu'elle n'a rien fait, si elle ne se montre comme le point d'appui et le modèle des nations libres, contre les représentans de cet homme.

La révolution espagnole doit évidemment apporter un grand changement dans les affaires de l'Amérique Il n'est pas probable que les Cortès qui vont s'assembler se traînent sur les pas des ministres de Ferdinand, et qu'ils continuent la guerre contre leurs colonies. La cession des Florides sera ratifiée sans doute, et c'est la première mesure de politique extérieure dont les représentans espagnols auront à s'occuper. Un armistice avec les insurgés de toutes les vice-royautés des deux Amériques doit suivre la nouvelle des changemens opérés dans le gouvernement de la mère-patrie, et si l'Espagne le veut, cet armistice doit terminer les affreuses dissensions et la guerre d'extermination qui désolent ces riches contrées. C'est de là que dépend, en grande partie, l'avenir de l'Espagne : elle ne saurait trop s'en occuper, et apporter trop de modération dans l'examen de toutes les questions américaines. Les principes sur lesquels les colonies appuient leurs droits à l'indépendance sont les mêmes que ceux proclamés par l'Espagne régénérée, et les Cortès ne pourraient les méconnaître, au détriment des anciennes colonies, sans saper les fondemens du gouvernement dont ils tiennent toute leur autorité. Si un des premiers articles de la constitution de Cadix porte qu'une nation ne peut être le domaine d'une famille, il y aurait contradiction à prétendre que de vastes territoires et des peuples nombreux peuvent être le domaine d'une nation dont ils sont séparés par l'Océan. Ces réflexions n'échapperont pas à la sagesse des représentans de l'Espagne, et les engageront à faire aujourd'hui le seul arrangement possible entre la métropole et ses anciennes vice-royautés *.

Cet arrangement c'est de reconnaître l'indépendance des provinces de l'Amérique espagnole et d'obtenir, pour prix de cette reconnaissance, la plus grande partie possible des avantages que l'Espagne tirait de leur possession. Une alliance fraternelle, la liberté illimitée du commerce entre ces peuples, sans aucune restriction douanière ou maritime, pourraient remplacer avec avantage les relations détruites et rétablir entre ces pays une espèce d'unité, plus solide et plus favorable que celle du gouvernement, qui n'est que celle de la force, tandis que l'autre est celle

* Ce conseil n'a pas été suivi, la guerre a été continuée avec plus de désavantage pour l'Espagne, qui se montra tout aussi hostile en intentions, sans pouvoir employer de forces proportionnées à ces intentions. Il est résulté de là qu'après la guerre de 1823, les Américains n'ont voulu recevoir chez eux aucun des proscrits espagnols. L.

des intérêts fondés sur la communauté d'origine, de langage et de culte.

Le gouvernement nouveau de l'Espagne ne pourrait s'obstiner à retenir sous sa domination les provinces de l'Amérique espagnole, sans les forcer à rompre tout à fait avec l'ancienne métropole, et à en devenir les ennemies les plus acharnées. Tous les efforts militaires et maritimes de l'Espagne sont et seront toujours insuffisans pour triompher de la vaste insurrection américaine, appuyée comme est cette insurrection par l'esprit du siècle et les spéculations du commerce. Aucune puissance ne peut venir au secours de la métropole obstinée; car aucune puissance ne peut mettre sur pied une flotte assez considérable pour transporter en Amérique des troupes suffisantes pour dompter les insurgés. L'Angleterre seule, qui pourrait fournir les vaisseaux, loin de concourir à l'exécution d'un pareil dessein, s'opposera au contraire à la part qu'y voudraient prendre les puissances étrangères; parce que tous les états du continent faisant, depuis cinq ans, une horrible guerre de douanes à l'industrie britannique, cette industrie, dont le gouvernement est obligé, sous peine de mort, de soigner les intérêts, a besoin des débouchés nouveaux que lui ouvriront les républiques naissantes du Nouveau-Monde. La Grande-Bretagne aura pour alliées, dans sa résistance, les États-Unis, qui ont aussi le plus grand intérêt à voir cesser dans le Nouveau-Monde, dont ils sont les fils aînés, et dont ils aspirent à être les curateurs, toute influence européenne. Devant cette coalition des deux puissances maritimes du monde, tous les gouvernemens doivent s'incliner avec respect, et abandonner toute idée de donner du secours à l'Espagne.

Il en sera de même du Brésil, par rapport au Portugal, quand ce royaume aura opéré la révolution qui est imminente. Soit que le roi revienne prendre sa couronne d'Europe, soit qu'il demeure à Rio-Janeiro, il est évident que le Portugal et le Brésil formeront deux états séparés indépendans l'un de l'autre, et ayant chacun leur législation et leur gouvernement. Il est absurde de penser que les états d'Amérique consentiront à envoyer des députés à Madrid, pour y coopérer avec les Cortès à faire des lois pour les Américains, et que les représentans portugais iront à Rio-Janeiro pour décider comment on administrera à Lisbonne. Rien ne peut désormais changer le cours des événemens. Le roi de Portugal doit, bien loin de vouloir l'arrêter, se hâter de le suivre, s'il ne veut pas perdre à la fois ses deux royaumes.

Après l'Amérique sur laquelle la révolution espagnole doit produire des effets décisifs, il n'est pas de pays où cette révolution doive exercer plus d'influence que l'Italie. Ce n'est qu'avec une profonde douleur qu'on peut considérer les cruelles destinées de ce beau pays, qui, depuis tant de siècles, théâtre, victime, et prix de tant de guerres, a constamment reçu le joug du vainqueur du moment. Ces peuples, qui aujourd'hui sont arrivés au dernier point de la dégradation politique, doivent sentir vivement le prix de la liberté, et être tentés d'imiter l'exemple des nations qui l'ont reconquise. Déjà des rapports de journaux annoncent des conspirations dans la Lombardie, dans la Toscane, et aux deux extrémités de la péninsule italienne, en Piémont et à Naples.

Deux époques d'organiser l'Italie se sont présentées dans un quart de siècle. Bonaparte, vainqueur des coalitions européennes, laissa échapper la première occasion, et une nouvelle coalition européenne, victorieuse de Bonaparte, négligea la seconde. C'est vainement qu'on cher-

cherait dans les principes de la politique les motifs d'une conduite semblable, dans des circonstances, et de la part d'hommes si différens. A ces deux époques il y avait une grande et belle question à examiner, celle de la réunion de toute l'Italie en un seul corps de nation. Bonaparte a eu tous les moyens de décider cette question affirmativement, et de la mettre à exécution ; il n'aurait rencontré aucun obstacle. Les différens peuples qui habitent cette belle contrée l'avaient espéré, et l'enthousiasme avec lequel ils avaient reçu les Français, en manifestant leurs désirs, leur donnait le droit d'en attendre la réalisation. Au lieu de s'élever à une de ces grandes pensées qui dominent les siècles, il s'est arrêté à des considérations futiles d'intérêt personnel et passager. Il a organisé de petites républiques dont il pût faire de petites principautés pour en disposer à son gré, suivant les intérêts ou les caprices de l'avenir. Il laissa l'Italie dans l'état de désunion et de parcellement où il l'avait trouvée ; il s'efforça d'y étouffer l'esprit de nationalité auquel la révolution française avait donné naissance et que les exploits militaires de la France avaient fortifié, il ranima l'esprit de localité, l'antipathie des provinces les unes contre les autres, et finit par faire peser sur toutes le despotisme dont il écrasait la France. Il a dû sentir plus tard la faute qu'il avait commise. L'Italie, qu'il avait sacrifiée dans sa prospérité, ne lui offrit aucune ressource dans son adversité. Trop faible, parce qu'elle était restée sans union, incapable d'une grande résolution parce qu'il n'y avait pas d'idée de patriotisme, l'Italie a dit: *je ne porterai pas deux bâts*, et elle a été indifférente à la lutte. Le résultat eût été tout autre si, au lieu d'avoir des principautés, des duchés, et une espèce de royaume, distribués à sa famille et à ses dignitaires; il avait réuni toutes les parties de cette belle péninsule sous un même gouvernement, et ressuscité une grande nation. Il aurait eu alors un allié puissant qui eût à jamais dominé l'Autriche, qui l'eût empêchée de se joindre à aucune coalition contre la France, et qui même l'eût forcée de s'unir à cette dernière pour combattre des ennemis communs.

Une autre carrière s'était ouverte à Bonaparte dans ce pays, et s'il avait mieux consulté ses vrais intérêts, s'il avait apprécié la vraie gloire, l'état de l'Europe serait bien différent. Maître de l'Italie qu'il lui était si facile de réunir en nation, il a pu s'y élever un trône magnifique, et rappeler au trône constitutionnel de France, en établissant les garanties les plus fortes de liberté, l'ancienne dynastie qu'il préféra supplanter*. Il dédaigna ces conseils qui lui furent donnés; il les jugea même dignes de sa colère et d'un long ressentiment, et après avoir perdu l'Italie et la France, il a été se perdre au milieu des mers.

En 1815 l'occasion était moins favorable, parce qu'on était préoccupé des idées de restauration. On ne pouvait plus penser à ne faire de l'Italie qu'un seul empire, parce que les rois de Naples et de Sardaigne réclamaient leurs domaines, mais rien n'empêchait que le reste de l'Italie ne formât un troisième royaume, un royaume italien, indépendant des deux autres et surtout de l'Autriche. C'était ce qu'exigeaient les intérêts de la France et de l'Angleterre, autant que le bien-être des Italiens. Tout fut sacrifié à l'intérêt de l'Autriche.

L'Italie est donc encore aujourd'hui, dans sa plus grande partie, un pays conquis, et soumis à la loi martiale : il est impossible que des peuples souffrent patiemment le joug d'une pareille loi, et qu'ils ne soupirent pas avec ardeur pour

---

* Lettres du général Dumouriez au premier consul. L.

leur libération. Il est impossible qu'ils ne guettent pas l'occasion de secouer leur chaînes, et qu'ils ne la saisissent pas aussitôt qu'elle se présentera.

L'Autriche, qui ne peut se dissimuler l'impatience avec laquelle les Italiens supportent leur asservissement, est obligée d'entretenir des troupes considérables, et d'employer tous les moyens possibles pour comprimer des sentimens trop contraires à ses intérêts. Les mesures qu'elle a adoptées ne permettent pas d'espérer que les provinces soumises à sa domination seront les premières à lever l'étendard de l'insurrection; car la menace d'une exécution militaire est toute puissante sur une population qui est environnée de soldats, et qui se croit abandonnée et sans appui. Le Piémont lui-même est trop rapproché de l'Autriche et ressent trop l'influence de la terreur, pour oser se déclarer. C'est dans les parties les plus éloignées des forces autrichiennes que doit naturellement se manifester l'esprit de liberté; c'est de Naples que doit être donné le signal qui appellera toute l'Italie à de nouvelles destinées.

Le roi de Naples, en quittant la Sicile pour retourner dans un royaume qui, comme la

France, avait été gouverné par une nouvelle dynastie, aurait dû penser qu'il était urgent de se concilier les intérêts nouveaux qui s'étaient formés depuis son départ; de faire quelques sacrifices à l'esprit du siècle, et d'établir des institutions qui consacrassent l'alliance du monarque avec le peuple, auquel, depuis nombre d'années, il était devenu étranger. Telle était l'opinion de tous les hommes éclairés, des constans alliés de ce prince, les Anglais, et en particulier de lord William Bentinck*; mais cette opinion ne prévalût pas; ni la Sicile, ni Naples, ne reçurent de constitutions. L'ancien régime tout pur y fut établi, et depuis lors, jusqu'aujourd'hui, on ne s'est occupé que des perfectionnemens des anciens abus, en faisant servir aux progrès du despotisme les améliorations que le

---

* Lord W. Bentinck est un de ces caractères politiques qui font la gloire de l'Angleterre. Au talent et au courage militaire, à la science administrative, il unit toujours le respect pour l'humanité et l'amour de la liberté. Il croyait le ministère anglais engagé d'honneur à maintenir la constitution sicilienne; mais ne pouvant faire prévaloir cette opinion, il se sépara du ministère et entra dans l'opposition, jusqu'à ce que M. Canning arrivât à la direction des affaires. M. Canning le nomma bientôt après gouverneur général des Indes. C'est le meilleur que ces vastes contrées aient eu. L.

gouvernement français avait introduites. Ce système fut suivi aussi par le gouvernement sarde, et ainsi toute l'Italie se trouve dans une position plus déplorable encore qu'au commencement de la révolution française.

Quand on considère que ces différens peuples, associés si long-temps à la gloire et aux infortunes de la France, se sont éclairés par leur contact, ont retrempé leur caractère, ont acquis de nouvelles idées, et ont été arrachés à la superstition et à la soumission qui jadis faisaient tout le pouvoir de leurs maîtres ; il est impossible de ne pas prévoir que le retour des anciennes maximes du gouvernement doit rencontrer des obstacles, des contradictions, et par l'obstination aveugle des gouvernans, amener des révoltes. Les grands événemens qui se sont passés sous nos yeux, pendant un quart de siècle, ont détruit à jamais le premier principe du despotisme, le droit divin des chefs des peuples : tant de rois détrônés, expulsés, des royaumes anéantis, d'autres royaumes créés, d'autres familles élevées au trône, tous ces changemens auxquels les peuples ont assisté comme à des spectacles, et dont nous voyons encore tant de décorations, ont détruit ce prestige de la royauté qui en plaçait les bases dans le ciel, et ont démontré jusqu'à l'évidence que loin de venir d'en haut, l'autorité royale vient d'en bas et souvent même très-bas *. Pour changer cette manière de juger, il faudrait étouffer tous les souvenirs des contemporains et effacer toutes les pages de l'histoire. C'est impossible.

Nulle nation n'a, dans ces derniers temps, donné à son prince des preuves de dévouement comme la nation espagnole; aussi, pour engager tous les peuples à secouer le joug du dominateur de la France, leur présentait-on constamment pour exemple la conduite des Espagnols. Les Italiens surtout ont été accoutumés à les entendre citer comme des modèles. Aujourd'hui ce même peuple, après tant de gages d'amour et de fidélité, a été contraint de se lever

---

* C'est, suivant moi, le seul service (mais un immense service) que Napoléon ait rendu à l'humanité que de faire voir, dans ses désastres, la faiblesse, l'ignorance, la bassesse, l'ingratitude, le néant des rois. Quelqu'un se charge aujourd'hui de donner un petit supplément à cette grande leçon. Il le fait avec beaucoup moins de gloire, je dirai même sans gloire du tout; mais il n'y a que plus de mérite et cela coûte moins cher, quoique cela coûte déjà assez et même trop cher. L.

contre le pouvoir absolu du prince pour qui il avait tout fait. Croit-on que les peuples de l'Italie ne verront pas ces événemens? Croit-on qu'ils n'y verront rien de digne de leur imitation? Quand il y a tant de similitude entre eux et les Espagnols du 31 décembre 1819, même température, même ciel du midi, même vivacité de sentimens, même despotisme et à peu près même langage, pense-t-on qu'il ne peut pas y avoir même résultat? Où s'imagine-t-on que des peuples long-temps séparés de leurs rois, et qui les avaient vus s'éloigner avec indifférence et sans y mettre le moindre obstacle, seront aujourd'hui plus patiens sous la tyrannie, que ne l'ont été les Espagnols qui ont tout risqué pour Ferdinand?

On ne peut donc se dissimuler que la révolution espagnole doit produire une grande impression en Italie, qu'elle doit y réveiller tous les esprits, et y trouver de nombreux partisans. On ne peut se dissimuler que l'exemple donné d'un côté, excite un désir d'imitation; et que si les gouvernemens ne se hâtent pas d'aller au devant de l'opinion, en lui accordant quelque chose, l'opinion leur arrachera tout. Ce n'est qu'avec leurs armées que les souverains de Naples et du Piémont peuvent retenir leurs peuples dans l'asservissement ; mais ces armées seront-elles plus aveuglément fidèles, plus entièrement dévouées que l'armée espagnole? Ont-elles, par leur conduite antérieure, donné des garanties plus certaines de leur amour pour leur roi? N'ont-elles pas au contraire été créées par d'autres maîtres, promis fidélité à d'autres chefs, combattu sous d'autres drapeaux et pour une autre cause? Parce qu'au lieu de les conduire à la liberté, où elles croyaient aller, on les menait à des combats qui étaient sans utilité pour elles, mais non pas sans gloire, s'imagine-t-on qu'elles sont dégoûtées de la gloire, ou qu'elles ne croient plus à la liberté? Qu'on ne s'abandonne pas à ces illusions : qu'on cesse de compter sur ces armées. Il y a forcément aujourd'hui trop d'esprit de civisme dans les soldats, pour qu'ils combattent long-temps leurs concitoyens ; il y a plutôt à craindre que leur alliance soit trop intime et dangereuse pour les trônes : dans l'état actuel des choses, Quiroga réussirait à Naples et Riégo à Turin.

Cette alliance des troupes avec la population ne saurait avoir lieu dans le reste de l'Italie, parce que la force armée est composée d'étrangers qui, au milieu d'habitans qui ne voient en eux que des ennemis, sont, pour leur propre intérêt, obligés d'être toujours sur leurs gardes. Les soldats autrichiens en Italie ne peuvent que servir la tyrannie : mais plus le joug est pesant, plus il est déshonorant, et plus il doit faire désirer la liberté, plus il doit faire aimer l'indépendance; et quand une fois l'étendard de la libération sera arboré d'un côté, il deviendra le ralliement des peuples de toute cette péninsule.

L'Allemagne doit, comme l'Italie, mais à un moindre degré, éprouver l'influence des événemens de la péninsule espagnole. Les peuples gouvernés constitutionnellement y verront une nouvelle garantie de leur liberté, et les princes une preuve de la sagesse de leur conduite. Dans ces pays l'alliance du pouvoir et de la liberté se consolidera, parce que l'Espagne aura donné une grande leçon. Quant aux princes qui n'ont pas encore cédé aux vœux de leurs sujets, peut-être quelques uns croiront qu'il est temps de le faire, pour éviter les dangers qu'une plus longue résistance pourrait leur faire courir. Les autres, aveuglés par des conseillers incorrigibles, redoubleront de rigueurs, et ajouteront ainsi à la nécessité des changemens et au mécontentement de leurs nations.

Les trois grandes puissances qui composent la Sainte-Alliance suivront ce plan de conduite. L'Autriche, en particulier, a de trop justes sujets d'inquiétude pour ne pas voir avec dépit des changemens qui, imités de proche en proche, s'étendraient jusque dans ses conquêtes (si on peut donner ce nom aux provinces italiennes qu'on lui a données) et les lui enleveraient. La Russie, quoiqu'elle n'ait ni à craindre ni à espérer de ce changement de gouvernement en Espagne, le verra avec mécontentement et l condamnera; parce qu'il est en opposition formelle avec les principes promulgués par les diplomates dans les différens congrès. La Prusse, redoutant pour ses peuples la communication de l'épidémie libérale, ne peut que condamner aussi le rétablissement de la constitution, dont elle doit abhorrer également la forme et le fond. Les autres puissances européennes sont insignifiantes et ne paraissent pas appelées à manifester leur opinion sur ce grand événement.

Si l'exemple de l'Espagne est imité en Portugal, et ne s'étend pas plus loin pour le moment, la révolution s'y consolidera, parce que la France divisée, et cherchant à défendre les libertés qu'un parti irréconciliable cherche à lui ravir, malgré les promesses et les sermens de son roi, ne permettra pas de sitôt au gouvernement de penser à attaquer l'indépendance d'un peuple étranger; et parce que les puissances de la Sainte-Alliance ne sont pas à même de faire une croisade pour aller, si loin de leur pays, rétablir l'absolutisme et l'inquisition. Ce projet que les ministres pourraient méditer est inexécutable, de quelque manière qu'on l'arrange ; car, ou les nouveaux croisés se proposeraient de se rendre en Espagne par mer, et il n'y a pas de marine suffisante pour transporter les troupes nécessaires pour une telle expédition; ou bien on ferait arriver les armées alliées par le Midi de la France pour y pénétrer par les Pyrénées, et les Français ne pourraient sans déshonneur accorder ce passage, qui, par les suites onéreuses qu'il entraînerait, soulèverait la population, lors même que le gouvernement aurait la faiblesse de le permettre. L'Angleterre d'ailleurs ne pourrait pas rester paisible spectatrice de cette invasion, qui ne pourrait que lui être préjudiciable, et très-probablement enverrait quelque amiral pour y mettre son *veto*.

Si cette révolution passe de la péninsule espagnole dans la péninsule italienne, c'est là qu'elle sera attaquée, parce qu'elle y sera à la proximité de la Sainte-Alliance et à portée de ses coups; mais la ligue des trois grandes puissances, et la réunon d'une partie de leurs forces pour concourir au renversement de la liberté, causeraient de trop grandes inquiétudes aux autres puissances pour qu'elles restassent passives. Le lien le plus fort des coalitions est détruit. C'était le pouvoir de Bonaparte, qui, menaçant également tous les peuples et tous les rois, devait nécessairement leur faire faire cause commune contre lui; mais, délivrés de ce danger universel, les peuples et les gouvernemens sont revenus à leurs intérêts particuliers.

Sans m'arrêter à considérer s'il conviendrait à la Prusse et à la Russie de faire marcher des armées nombreuses et à grands frais, ce qui ne me paraît pas certain, je passe à l'examen des intérêts de l'Autriche elle-même, qui doit redouter toute coalition. L'Autriche veut l'Italie, et la veut tout entière. Elle se gardera donc bien, si elle est forcée d'y tenter le sort des armes, de se donner des auxiliaires, utiles sans doute dans les combats, mais importuns et gênans après la victoire. Elle se gardera bien d'introduire elle-même dans ces belles et riches contrées, où il y a tant à prendre, des Russes et des Prussiens qui pourraient bien, après avoir été d'accord pour la dépouille, ne l'être pas pour le partage. Elle aimera mieux lutter seule, même avec désavantage, que de le faire avec succès, mais avec moins de profit. La guerre que ferait éclater une révolution en Italie serait donc une guerre particulière, une lutte d'une puissance contre une autre, et le résultat n'en serait pas long-temps douteux, si les peuples de l'Italie généralisaient leur insurrection et prenaient la ferme résolution de ne plus être les esclaves des étrangers. C'est ce qui doit arriver, et le premier succès contre les Autrichiens serait bientôt suivi de leur expulsion entière. Alors la cause de la liberté serait entièrement gagnée.

Je ne puis terminer ces réflexions sans dire quelle devrait être la conduite des hommes d'état et des peuples éclairés dans les circonstances actuelles. Ma patrie, que j'aime toujours, que j'ai toujours aimée, y trouverait les moyens les plus nobles de remonter au rang dont l'insatiable ambition de son chef l'a fait descendre. Il serait bien digne du sage auteur de la charte d'entamer une aussi belle entreprise, dont l'exécution serait si facile et si prompte ; alors la restauration serait complète.

La France, malgré toutes ses erreurs, est toujours le foyer des lumières de l'Europe, et les véritables principes des gouvernemens y sont bien connus et bien appréciés. Revenue des illusions de la victoire, elle n'a plus besoin de chercher dans les combats une gloire toujours funeste : ce n'est pas par des guerres, qui seraient sans avantage pour elle, qu'elle peut réparer ses derniers désastres. Elle a assez long-temps porté chez les étrangers la terreur et l'asservissement, elle leur doit des compensations, et ce qu'elle leur donnerait serait des conquêtes pour elle.

Le gouvernement français, loin de combattre dans son propre pays des principes qui se sont propagés partout, qui forment un évangile politique et qui seuls désormais peuvent faire le bonheur des nations, doit se hâter de rentrer dans la route tracée par la charte, de donner à cette œuvre de lumières tous les développemens qu'elle annonce, qu'elle promet, et sans lesquels son existence est précaire et son action impossible. C'est par respect pour son auguste auteur et par dévoûment à sa personne, autant que par zèle pour leur pays, que les ministres doivent se diriger en tout d'après la loi fondamentale ; car en l'abandonnant, en la violant, en la mutilant, ils s'en rendent les détracteurs, ils la signalent comme une de ces spéculations politiques bonnes tout au plus à orner quelques pages d'un livre, mais dont l'exécution est impossible. C'est l'outrage le plus coupable envers le monarque, et c'est le montrer à la nation qui l'accueillit avec tant d'enthousiasme, comme incapable de réaliser ce qu'il avait promis. Tout respect, toute confiance, tout amour pour ce digne prince s'évanouirait ; et les peuples étrangers, dont les vœux se bornent à obtenir une charte semblable à celle de Louis XVIII, en voyant avec quelle facilité les ministres l'éludent ou la détruisent, en deviendraient les adversaires et la rejetteraient avec mépris, parce qu'elle ne leur paraîtrait qu'un mécanisme de despotisme.

Mais en y étant fidèles, les ministres feraient chaque jour ressortir davantage la prévoyance et la sagesse du monarque : chacun de leurs actes serait un hommage à la souveraineté du génie qui l'a créée, et un pas de plus vers la perpétuité de cette souveraineté. Le règne de ce prince se prolongerait au-delà de son existence, son nom serait encore une autorité, son ouvrage serait toujours la loi suprême à laquelle ses successeurs seraient soumis eux-mêmes. Les Français, en voyant la fixité des principes du gouvernement, perdraient leurs inquiétudes, reprendraient leur confiance, ajouteraient chaque jour à leur admiration, à leur amour pour leur roi; la tranquillité, le travail, l'opulence et la prospérité de cette nation, attribués à sa constitution, la feraient envier à tous les autres peuples, et ce pays, grâce à la fermeté et aux lumières de son auguste chef, grâce à la fidélité de ses ministres, reprendrait le premier rang dans la civilisation.

Dans les circonstances présentes, lorsque les ministres des gouvernemens absolus se sont ligués pour étouffer toute liberté, et quand les peuples aspirent partout après cette liberté légale, quel beau rôle la France doit jouer! Tous les souverains ne voudraient-ils pas imiter l'exemple de leur Nestor, surtout quand ils le verraient jouir, au sein d'une grande autorité, du bonheur de son pays? tous ne solliciteraient-ils pas ses conseils et son appui? enfin Louis XVIII ne deviendrait-il pas le chef d'une autre coalition, *de la noble alliance*, dont le but serait le bien-être des peuples et la restauration de tous les trônes sur des bases plus solides.

Rien ne pourrait s'opposer à ce que le monarque français montât à ce haut rang, car l'état politique du monde est changé. Ces vieux principes d'équilibre de l'Europe ont croulé avec le frêle édifice qu'ils ne pouvaient soutenir. Au milieu de tous les différens gouvernemens, il n'y a plus réellement que deux puissances, la liberté et le despotisme : c'est entre ces deux puissances qu'il faut établir l'équilibre. Les guerres de gouvernement à gouvernement sont déshonorées, et deviennent de jour en jour plus difficiles ; la passion des conquêtes est flétrie, enfin. C'est un bienfait de Bonaparte. Les seules luttes possibles sont celles entre le despotisme et la liberté. Voilà où il faut établir l'équilibre, et ce que Louis XVIII me paraît appelé à faire. Le caractère qu'il a déployé dans plusieurs occasions, les profondes études qu'il a faites dans l'histoire des peuples, tout me porte à croire qu'il reconnaîtra sa mission.

L'Espagne, après sa régénération, doit rechercher et cultiver l'amitié de la France, mais cette amitié ne peut exister qu'autant que le système constitutionnel sera suivi franchement par le gouvernement français. Le Portugal, qui sera entraîné à suivre l'exemple de l'Espagne, se rattachera de même à la France. Les princes de la même famille qui règnent en Italie, ainsi que ceux que des alliances étroites lui ont attachés, pourront être facilement engagés à prévenir, par le don d'une constitution et d'un système représentatif, les révolutions auxquelles les peuples s'apprêtent. La France, que son système de gouvernement rendrait l'alliée de l'Angleterre, se trouverait ainsi à la tête des peuples de l'Espagne, du Portugal, de Naples et du Piémont. Le royaume des Pays-Bas entrerait inévitablement dans ce système, auquel viendraient encore se rattacher toutes les principautés constitutionnelles de l'Allemagne. Voilà la grande division qui doit établir le nouvel équilibre politique de l'Europe : d'un côté la liberté, la science, l'industrie, le commerce, les richesses et le contentement, épars sur la partie occidentale de l'Europe; et dans la partie orientale le despotisme, l'ignorance, la pauvreté et le mécontentement. S'il y avait lutte, le résultat ne serait pas long-temps incertain, et l'honneur du triomphe appartiendrait au chef de cette belle coalition, à la France, à son roi.

Voilà les idées dont des ministres fidèles doivent entretenir leur auguste maître, sûrs de trouver dans son âme tout ce qui les féconderait, au lieu de faire violence à son cœur et d'outrager sa raison, en l'armant contre son peuple, et en l'obligeant à déchirer cette charte dont il était si justement fier. Voilà ce qui leur coûterait bien moins de peines, qui leur attirerait bien moins d'humiliations, qui environnerait le roi et son auguste famille d'une autorité sans bornes parce qu'elle serait fondée sur la confiance et sur l'amour, et qui leur assurerait à eux-mêmes la reconnaissance de leur prince et de leurs concitoyens.

Hélas! tandis que je me livre à ces réflexions, ces ministres semblent se hâter de les rendre illusoires, et étouffent mes projets et mes espérances sous les craintes qu'ils accumulent. Je sais bien qu'ils porteront la peine de leur conduite, qu'ils succomberont, méprisés également par les constitutionnels qu'ils ont trahis, et par la contre-révolution qui voudra tout faire par elle-même et pour elle seule; mais qu'importe la chute et la honte de pareils hommes? Ce qui est d'une plus grande importance, c'est la résurrection d'un parti qui a fait et fera encore bien du mal; c'est la violation des droits de toute une nation, qui n'aura plus dès lors ni attachement ni confiance; c'est la position de ce vénérable monarque, livré sans secours à la merci d'un parti sans raison et sans pitié, de ce prince éclairé qui aura en vain voulu le bien et qui ne pourra empêcher le mal. On ne peut assez gémir sur les événemens qui se préparent. La France en triomphera, mais à quel prix? L'homme qui aime son pays, en le voyant ainsi repoussé vers l'abîme, doit s'estimer heureux de toucher au tombeau; car il vaut mieux que la mort ferme ses yeux avant que les malheurs de la France les baignent encore de larmes.

MÉMOIRE

MILITAIRE

SUR LE ROYAUME

DES DEUX-SICILES.

NOVEMBRE 1820.

C'est à M. le duc d'Orléans que ce Mémoire a été adressé pour le prince héréditaire des Deux-Siciles. M. d'Orléans fut chargé de faire mille remercîmens, et son beau-frère lui demandait ce qu'il pouvait offrir à Dumouriez comme témoignage de sa reconnaissance. C'est du moins ce que la correspondance annonçait au général.

Les journaux du temps annoncèrent l'envoi de ce travail. Le général Lamarque me le demanda en 1826. Je le lui communiquai, ainsi que celui sur l'Espagne. Il en fut aussi surpris qu'étonné, et voulait absolument que je les fisse imprimer, ou que je l'autorisasse à en donner des extraits dans le Journal des sciences militaires. Je ne pus y consentir; je l'autorisai seulement à en faire prendre copie, comme il me l'avait demandé instamment.

Le général Foy n'avait pas jugé moins favorablement cet ouvrage. Il en avait aussi désiré l'impression.

Ces deux hommes qui savaient si admirablement manier tour à tour la plume et l'épée, et qui consacrèrent toujours l'une et l'autre à la liberté et à l'honneur de la France, étaient les hommes les plus compétens en pareille matière, et leur approbation est un sûr garant de celle des hommes de guerre.

NOTE.

Les réflexions sur la révolution espagnole ont été écrites dans les premiers jours d'avril 1820. Quelques mois après, les prédictions du général Dumouriez étaient accomplies : la liberté constitutionnelle avait conquis le royaume de Naples et régénéré le Portugal.

La conduite du monarque des Deux-Siciles, à cette époque, et surtout celle de son fils, ne pouvaient laisser aucun doute sur la sincérité de leurs intentions. La commotion qui avait amené la substitution du système nouveau à l'ancien système, avait été légère et de peu de durée. Un calme profond, un accord parfait régnaient dans tout le royaume de Naples, et cet accord, ce calme se rétablissaient rapidement en Sicile.

Le cabinet autrichien ne pouvait voir sans alarmes des changemens trop avantageux aux peuples, pour que tous ceux de l'Italie n'en enviassent point les bienfaits. Dès le premier moment il menaça la nation napolitaine et se prépara à lui ravir ses lois constitutionnelles pour l'asservir. Dès ce moment aussi le général Dumouriez crut devoir préparer la résistance à une injuste agression, et il traça le Mémoire que l'on va lire.

On a vu comment la révolution napolitaine a succombé. L'honneur et l'humanité en gémissent encore. Le général Dumouriez en versa des larmes, et n'eut de consolation que la pensée d'avoir rempli un devoir envers l'humanité.

Mais non; il en eut une autre. Le prince-régent du royaume des deux-Siciles avait accueilli ses conseils, et lui en avait témoigné sa gratitude : la conduite subséquente de ce prince, placé dans la situation la plus extraordinaire, mêla quelque satisfaction à tant de douleurs. Le duc de Calabre est resté étranger à l'oppression et au déshonneur de son pays. Il a conservé un noble caractère; et en se grandissant sous le malheur, il a réveillé l'espérance. La politique du ministère autrichien se flatte en vain d'arriver à la domination de toute l'Italie. Il ne sera pas facile d'écarter du trône le prince qui, avant d'y monter, s'en est montré si digne *.

* Dumouriez était trompé par son correspondant qui lui mandait que c'était par choix que le duc de Calabre vivait

loin des affaires après l'invasion autrichienne. La conduite de ce prince, après son arrivée au trône, a montré qu'il ressemblait en tout à tous les individus de sa famille, humbles, obséquieux, lâches dans l'adversité; hautains, impérieux, vindicatifs dans la prospérité. C'est sous son règne qu'ont eu lieu les plus cruelles persécutions contre les amis de la liberté, contre ceux qui avaient pris part à la révolution dont il s'était déclaré le chef.

C'est ce qu'a fait aussi le grenadier du Trocadero depuis qu'il est roi de Sardaigne. Ferdinand d'Espagne était leur chef de file. Ils ont pour émule don Miguel, et don Pedro fera de même quand il aura repris sa couronne. On ne sait en vérité ce qui l'emporte, du mépris ou de l'horreur, quand on pense à tous ces gens-là. On ne peut que répéter :

Ciel ! à quels plats tyrans as-tu livré la terre !

L.

Une nation qui, éclairée par une longue expérience, secondée par le patriotisme de son souverain et surtout par celui du prince auguste qui, soulageant la vieillesse de son père, se trouve aujourd'hui chargé des soins de l'administration; une telle nation, qui, par un effort généreux et spontané, s'est donné une constitution libre, doit s'attendre nécessairement à rencontrer des obstacles et à trouver des ennemis dans les trois puissances principales de la sainte-alliance. L'Autriche surtout doit combattre, par tous les moyens possibles, un système de gouvernement qui contraste trop avec le despotisme qu'elle fait peser sur les provinces italiennes soumises à sa domination; elle fera tous ses efforts pour entraîner la Russie et la Prusse, et pour neutraliser au moins la France et l'Angleterre, si elle ne réussit pas à leur faire adopter ses projets d'invasion, comme tout porte à le croire.

Le système constitutionnel fait avec raison frémir et trembler les trois grandes puissances arbitraires, qui prétendent dominer l'Europe et la tenir assoupie dans le repos de l'esclavage. Ce système a, cette année, vu trois peuples se ranger sous ses bannières et se donner, à peu d'intervalle l'un de l'autre, un gouvernement monarchique représentatif ; ces conquêtes des lumières et de l'esprit de liberté ont été trop rapides pour que l'esprit du despotisme ne tente pas de les reprendre. Il compte déjà, dans le parti constitutionnel, la Suède, le Danemarck, les Pays-Bas, l'Angleterre, la France, la Suisse, l'Espagne, le Portugal et le royaume des Deux-Siciles, neuf grandes nations qui, reconnaissant un principe commun, ont intérêt à soutenir cette cause sacrée. Il faut y ajouter, en Allemagne, le Hanovre, le Wurtemberg, la Bavière et les souverains des bords du Rhin. Le roi de Sardaigne est neutre encore, mais bientôt il sera forcé par le voisinage dangereux des Autrichiens à chercher un refuge dans la ligue constitutionnelle et à en adopter les principes et la forme de gouvernement. Les trois grandes puissances de la Sainte-Alliance voient bien qu'elles seraient bientôt isolées en Europe; qu'il ne leur resterait plus que leurs nombreuses armées; mais que ces armées doivent se fondre, parce que le raisonnement et le numéraire tendent à diminuer le nombre des soldats. Enfin, elles craignent que leurs propres sujets ne se fatiguent du joug et que les constitutions arrivent jusque dans les capitales d'où sortent à présent les menaces du despotisme, et où il médite de sinistres desseins. C'est là ce qu'elles prévoient; mais, malgré leurs efforts pour le prévenir, tel sera l'avenir.

Le gouvernement autrichien, se trouvant plus immédiatement menacé par la révolution paisible de Naples, a un intérêt direct dans son opposition au système constitutionnel, et peut-être se déterminera-t-il à entreprendre, même seul, la guerre dont il l'a menacé, ayant déjà dans ses états italiens une armée formidable qu'il peut, en très-peu de marches, porter sur les bords du Tronto et du Garillan, pour menacer Naples et lui dicter des lois despotiques. Le peuple régénéré des Deux-Siciles ne doit donc pas s'endormir dans une dangereuse sécurité, lorsqu'il a presque à ses portes une armée ennemic, nombreuse et aguerrie : il doit au contraire se hâter de préparer tous ses moyens de résistance. Le prince, vicaire-général, doit prévoir que le roi, son vénérable père, et sa dynastie sont perdus, si les Autrichiens ont le dessus dans cette lutte moins inégale qu'elle ne le paraît; que le joug odieux des Allemands peserait également sur les princes et sur le peuple, et que celui-ci ne peut perdre ses libertés sans que ses chefs perdent leur indépendance.

Une alliance naturelle contre ces dangers s'offre au gouvernement des Deux-Siciles, et il doit ne rien négliger de ce qui peut l'amener et la cimenter. Trois royaumes sont en ce moment gouvernés constitutionnellement par des princes de la même famille, par des descendans de l'immortel Henri IV. L'Espagne, par la sagesse et la modération avec lesquelles elle a dirigé sa révolution, par la prudence avec laquelle elle calme tous les partis et concilie tous les intérêts, doit achever de convaincre Ferdinand que le parti qu'il a pris est le plus salutaire et le plus conforme à ses vrais intérêts, à sa prospérité, comme à celle de son pays et à sa gloire. Ce prince, que si long-temps l'incapacité ou la méchanceté de ses conseillers avait rendu odieux à son peuple, a reconquis tous les cœurs par son acceptation de la constitution. Depuis l'époque où il a juré d'y être fidèle et de la faire exécuter, il reçoit les témoignages les moins équivoques de l'amour et du dévouement de son peuple. Il n'y a point de doute que, sensible à ces démonstrations, il ne s'attache de plus en plus au système auquel il les doit, et que, de concert avec sa nation, il ne soit disposé à le défendre partout contre toutes les attaques et, par conséquent, à donner à Naples tous les secours dont ce royaume pourrait avoir besoin pour conserver et ses lois et son indépendance.

La France doit au chef de la famille des Bourbons ses lois constitutives. La concession de la charte par Louis XVIII est seule une preuve de ses lumières, de la profondeur de ses réflexions et de la pureté de ses intentions. La différence qu'il y a entre la charte et la constitution adoptée à Madrid et à Naples, est loin de pouvoir établir entre elles des hostilités. Il y a un principe fondamental commun, la représentation nationale, et c'est à ce principe que le despotisme déclare une guerre à mort. La France et le monarque, dont la bienveillance paternelle envers les Français est indubitable, malgré les erremens de ses ministres, sont intéressés à la conservation de ce principe qui ne pourrait être détruit dans un état, sans être en danger dans un autre. Le vénérable souverain de la France doit avoir trop à cœur l'honneur de la famille dont il est le premier membre, et l'influence du pays qu'il gouverne, pour ne pas être disposé à rendre au royaume des Deux-Siciles, et à ses augustes princes, toute l'assistance dont ils peuvent avoir besoin pour repousser les attaques plus ambitieuses que politiques de l'Autriche.

C'est dans les circonstances actuelles que l'intérêt des royaumes des Deux-Siciles, d'Espagne et de France, doit engager ces trois gouvernemens à refaire sur de nouvelles bases le pacte de famille qui doit les soustraire à la tutelle humiliante des chefs de la Sainte-Alliance. Le ministère napolitain doit se hâter de préparer ces heureux résultats; et si les ministres de la France, soit par petitesse d'idées, soit par antipathie contre les idées libérales, ne prennent pas l'initiative, ils ne pourraient du moins repousser les ouvertures qu'on leur ferait dans cette intention, sans violer leurs devoirs et sans encourir le juste mécontentement des Français et de leur monarque; et, quelle qu'ait été jusqu'ici leur conduite, bien condamnable certainement, il n'est pas à présumer qu'ils soient disposés à se laisser entraîner si loin, et qu'ils se refusent à une alliance qui assure l'indépendance de tous les Bourbons, et place la France au rang glorieux qui lui convient.

Cette coalition si naturelle et si facile, opérerait seule le salut du royaume de Naples; mais le peuple régénéré de ce beau pays ne doit pas se laisser éblouir par cette spéculation. Il ne doit pas compter sur les secours extérieurs pour triompher des attaques dont il est menacé. Un peuple ne peut être libre que lorsqu'il est résolu de défendre ses droits lui-même et lui tout seul : sans cette résolution tous les moyens de l'extérieur ne suffiraient point. Aujourd'hui qu'une grande armée ennemie, bien organisée et aguerrie, est aux portes du royaume, les Napolitains doivent se hâter de déployer toutes leurs forces, et de préparer une résistance opiniâtre qui vaut mieux que des alliances parce qu'elle les amène et les rend solides.

Le prince vicaire-général a déployé un trop grand caractère pour n'être pas convaincu de la vérité de ces observations, et pour ne pas se hâter d'en réaliser toutes les conséquences, en réunissant toutes les ressources du pays qu'il gouverne, pour sauver sa dynastie et son peuple. Ces ressources sont plus que suffisantes pour repousser tout danger. Une population de 6,000,000 d'habitans couvre le territoire des deux royaumes, qui, divisés d'abord, non sur le principe, mais sur le mode d'établir leur liberté, ont été réunis depuis par le danger commun, et manifestent désormais le même esprit de patriotisme et le même attachement au roi et à son fils qui a toute leur confiance. Cette population doit présenter 500,000 hommes au moins en état de porter les armes, et parmi ce nombre plus de 50,000 ont combattu pour ou contre Bonaparte, pendant les longues guerres suscitées par l'ambition desordonnée de cet homme extraordinaire. Quantité d'officiers se sont formés dans ces brillantes campagnes sous les généraux les plus habiles et ont acquis des talens qui les rendent dignes de commander à leur tour leurs compatriotes combattant sous leurs princes légitimes, pour la liberté, contre les satellites du despotisme.

La position de la France en 1792 était bien moins avantageuse. Elle renfermait, il est vrai, une population plus que quadruple de celle du royaume des Deux-Siciles, mais il s'en fallait de beaucoup qu'elle fût animée d'un même esprit. Une partie de la nation n'aimait que la monarchie de Louis XIV. Une partie, plus considérable, plaignait les infortunes cruelles de Louis XVI, et détestait la révolution par pitié pour l'auguste malheureux que des intrigues insensées et coupables en rendaient la victime. Les princes français s'étaient joints avec 15,000 émigrés aux 120,000 Allemands qui de différens côtés envahissaient la France ; enfin les germes d'une guerre civile atroce qui, pendant dix ans, a désolé les départemens de l'ouest, s'étaient manifestés et embarrassaient ou parcellaient les moyens et les plans de défense. Tous ces obstacles ont été surmontés. La liberté a triomphé. Heureuse la France si ces triomphes n'eussent pas été suivis de tous les excès qu'on ne peut assez déplorer, comme citoyen autant que comme ami du prince !

La comparaison de l'état de la France à cette époque, avec celui du royaume des Deux-Siciles dans le moment actuel, est entièrement à l'avantage du dernier. Ici toute la nation manifeste la même opinion, elle agit unanimement et spontanément; elle est d'accord avec son gouvernement légitime ; il n'y existe qu'un seul intérêt, on n'y voit qu'une seule volonté, c'est de repousser l'ennemi qui menace la patrie. La haine que la nation napolitaine porte aux Autrichiens, est partagée par toute l'Italie, et surtout par les provinces soumises au joug de ces étrangers. Partout dans cette péninsule, si long-temps malheureuse, mais sur laquelle brille enfin l'aurore d'un beau jour, le gouvernement des Deux-Siciles trouvera des alliés, des auxiliaires, des soldats et des généraux, dès le moment où il aura montré, par ses dispositions, qu'il a pris la ferme résolution de repousser des lois tyranniques.

Ce n'est pas cependant par des levées en masse, par un appel aux armes de toute la population capable du service militaire, que l'on parviendra sûrement à intimider l'ennemi, ou à le repousser en cas d'attaque. Les cinq cent mille hommes propres au métier des armes que contiennent les Deux-Siciles, et que leur zèle patriotique engagerait à voler à la défense de leur frontière attaquée, si on les laissait marcher et agir en suivant leur propre impulsion, ne pourraient le faire qu'avec désordre, confusion et témérité. Les gros bataillons sont nécessaires, mais il ne les faut pas trop gros. Il serait difficile d'organiser, de discipliner, d'aguerrir ces 500,000 combattans, et de les mettre en ligne. Il serait impossible au gouvernement napolitain de pourvoir à leur subsistance. Les imprudences, le désordre et la famine ne tarderaient pas à attaquer et à détruire ces masses. Naples est trop rapprochée des frontières du royaume pour ne pas devenir le prix d'une première victoire de l'ennemi. La désorganisation ou la défaite d'une pareille armée entraînerait la ruine irréparable de la liberté. La famille royale serait elle-même forcée de se soumettre, ou n'aurait de ressource, pour se sauver de la captivité, que de se retirer en Sicile, si elle en avait le temps et les moyens; mais encore tout serait perdu.

Pour éviter cette catastrophe qu'amenerait immanquablement l'abus des grandes ressources d'une population nombreuse et remplie de patriotisme, il faut se hâter de choisir parmi les élémens de résistance, de les régulariser, pour donner à l'action plus de facilité, de rapidité et de véritable force. C'est dans ce dessein qu'on a l'honneur de proposer à son altesse royale le prince vicaire-général, un plan d'organisation de l'armée, et de défensive pour le royaume confié à ses soins.

Le nombre des hommes qui doivent composer l'armée ; leur distribution dans les différens corps dont l'armée doit être formée ; l'organisation de ces corps et des différentes armes qui leur sont propres, suivant les différens services auxquels ils doivent être appelés, et les détails sur les opérations défensives et offensives qu'une invasion rend inévitables, formeront les sujets des diverses sections de ce mémoire.

PREMIÈRE PARTIE.

PREMIÈRE SECTION.

DE LA FORCE NUMÉRIQUE DE L'ARMÉE.

Toute la population du royaume des Deux-Siciles montre le plus vif enthousiasme pour la cause de la liberté et se dispose à voler à sa défense; mais le nom seul des levées en masse est formidable, et nous avons trop de preuves que la surabondance des moyens n'est pas toujours, en guerre, une source de succès. Une armée trop nombreuse peut souvent amener la ruine d'un pays; l'art et le devoir des gouvernans c'est de calculer, dans l'établissement militaire de la nation, les besoins et les ressources de l'état.

Le royaume de Naples a-t-il besoin, pour sa défense contre l'attaque que médite le gouvernement autrichien, d'armer les 500,000 hommes propres au service militaire, et peut-il entretenir une armée aussi considérable? L'examen de cette question ne sera pas long.

La guerre dont le royaume des Deux-Siciles est menacée ne peut être qu'une guerre d'état à état, et ne peut l'atteindre que d'un côté. C'est l'Autriche qui fera marcher une armée, et cette armée ne saurait arriver sur le territoire napolitain qu'en traversant toute l'Italie. L'Autriche peut-elle disposer pour cette invasion de forces considérables? Cela n'est point probable; forcée comme elle le sera, dans une expédition aussi éloignée, d'assurer ses communications, de garnisonner non seulement toutes les villes des provinces qui détestent son joug, mais encore de tenir, sur les différens points de la péninsule italienne, des corps nombreux de troupes, pour empêcher le soulèvement du pays, elle ne pourra guère disposer, pour les opérations actives, que de soixante à quatre-vingt mille hommes, qui arriveront par le nord. Le royaume de Naples n'ayant pas d'autre ennemi, et cet ennemi ne pouvant l'atteindre que d'un côté, la question des forces à lever, à armer et à disposer, est bien simple.

La frontière par laquelle l'ennemi peut pénétrer sur le territoire napolitain, et qu'il s'agit de défendre, a environ soixante lieues de longueur, depuis l'Adriatique à l'est, jusqu'à la Méditerranée à l'ouest. La plus grande partie de cette frontière est impénétrable, à cause des montagnes, où de faibles détachemens peuvent résister, avec avantage, à des corps nombreux. La défensive de cette partie ne présentera guère de difficultés. Il n'y a que la terre de labour, qui forme à peine un tiers de toute l'étendue de cette frontière, qui offre des plaines pour le développement d'une armée d'invasion, et dont la défense puisse nécessiter de grands efforts; mais du moins il est évident déjà que, loin d'avoir besoin de levées en masse et de 500,000 hommes, cent mille hommes peuvent suffire pour repousser cette attaque de 60,000 ou 80,000 Autrichiens, et ensuite pour les expulser de tout le territoire de l'Italie.

Il est évident aussi que l'entretien de 100 mille hommes est au dessus des moyens des finances du gouvernement napolitain; il faut donc combiner l'organisation des forces militaires du royaume avec les ressources du trésor : le royaume des Deux-Siciles ne peut et ne doit guère entretenir plus de 25 à 30,000 hommes en temps de paix, et, en temps de guerre, ce nombre peut être porté de 50 à 55,000 hommes. Tels étaient du moins les anciens calculs sur lesquels les gouvernemens réglaient les grands efforts que des événemens rares les obligeaient à faire. Aujourd'hui que toutes les puissances, sans aucun égard pour leurs ressources, ont tellement augmenté la force numérique de leurs armées, l'état militaire du royaume de Naples serait insuffisant si on n'avisait pas aux moyens de le renforcer par la création de nouveaux corps armés, qui ne fussent pas onéreux au trésor de l'état ou qui du moins ne seraient que momentanément à sa charge.

C'est pour atteindre ce double but qu'on propose d'adopter un plan connu depuis longtemps, mais dont l'application a toujours été irrégulière et défectueuse. D'abord les forces militaires du royaume des Deux-Siciles doivent être divisées en armée permanente et en milice nationale. L'armée permanente doit être organisée constitutionnellement et réglée annuellement par les décrets du corps législatif, sur lesquels seront fondées les ordonnances du roi. On peut prendre pour régulateur l'ancienne composition, et porter à 55,000 hommes sur le pied de guerre cette armée, qui, en temps de paix, serait réduite à 25 ou 30,000 hommes.

La milice nationale doit toujours être composée d'un nombre d'hommes double de celui de l'armée ; elle doit donc monter de 100,000 à 110,000 hommes. Cette milice nationale doit être recrutée par une conscription annuelle, et fournir ensuite à l'armée le nombre d'hommes nécessaires pour la porter au complet. L'armée, étant permanente, recevra constamment ses subsistances et sa paie, tandis que les milices, quoique toujours organisées et armées, ne recevront l'une et l'autre que lorsqu'elles seront appelées à un service actif.

Les forces militaires du royaume des Deux-Siciles présenteront donc un effectif de 150 à 160,000 hommes, dont un tiers seulement pourra être constamment entretenu et soldé. Ce nombre de soldats est bien suffisant pour la défense du royaume contre toute invasion ; et, par la nature et la durée de leur service, ils peuvent être organisés sans dommage pour l'agriculture, sans danger pour la population et sans trop de sacrifices financiers.

SECONDE SECTION.

COMPOSITION DE L'ARMÉE ; SES DIFFÉRENTES ARMES ; SON ORGANISATION EN TEMPS DE GUERRE.

	hommes.
L'armée napolitaine se compose de la maison militaire du roi, qui peut être portée à	1,200
De l'infanterie de ligne	33,000
De l'infanterie légère	6,600
Cavalerie pesante et légère	5,800
Artillerie à pied et à cheval, état-major, parc, etc.	6,790

L'importance de cette arme dans l'état actuel de l'art de la guerre, et surtout l'instruction et la pratique si nécessaires aux hommes admis dans ces corps, exigent impérieusement qu'ils soient en proportion plus forte qu'ils ne l'étaient anciennement, et que, même en temps de paix, ils soient toujours tenus au grand complet et exercés constamment.

Mineurs et sapeurs	1,200
État-major, officiers du génie, ingénieurs-géographes et guides	900
Telles sont les proportions des différentes armes de l'armée, évaluée à	55,490

La maison militaire du roi, destinée à la

garde du monarque plutôt qu'à un service militaire, conservera son organisation ou recevra telle autre que l'on jugera à propos de lui donner; on ne s'en occupera pas ici.

L'infanterie de ligne doit être composée de 15 régimens de deux bataillons chacun, et chaque bataillon sera de dix compagnies fortes de 109 hommes chacune, ce qui, en comprenant l'état-major, portera la force de chaque bataillon à 1,100 hommes, et par conséquent celle de toute l'infanterie de ligne à 33,000 hommes.

L'infanterie légère sera composée de trois régimens, dont les deux bataillons et les compagnies seront organisés comme dans l'infanterie de ligne; l'effectif de l'infanterie légère sera donc de 6,600 hommes.

La cavalerie doit être divisée en cavalerie pesante et légère; et on doit apporter le plus grand soin à sa composition, surtout lorsqu'il s'agit de combattre une nation qui se fait gloire de la sienne. Il sera indispensable de porter à six le nombre des régimens de cuirassiers, chaque régiment sera de deux escadrons, et chaque escadron de deux compagnies de 109 hommes chacune, comme les compagnies d'infanterie.

Les six régimens de cuirassiers, avec les officiers d'état-major, offriront un total de deux mille six cent quatre-vingts hommes.

Trois régimens de lanciers, deux de hussards et deux de dragons organisés de même donneront un effectif de 3,120 hommes, ce qui portera la cavalerie napolitaine à 5,800 hommes, qui pourront être renforcés en temps de guerre par les 1,200 hommes de la maison du roi et la gendarmerie que les circonstances doivent rappeler à un service plus important.

On ne saurait donner trop de soin à l'organisation du service de l'artillerie, cette arme essentielle qui décide maintenant du sort des batailles; on ne peut se permettre la moindre économie à cet égard, à la veille d'une guerre dont les Napolitains doivent faire une guerre de position et de chicane. Il est indispensable de lui donner toute la force dont elle est susceptible. Le nombre des hommes de chaque compagnie est le même que pour les autres armes; mais les bataillons ne seront que de cinq compagnies à cause de la nécessité fréquente de séparer les troupes de cette arme, séparation à laquelle on doit toujours chercher à rendre un caractère d'unité.

L'artillerie à pied sera composée de huit bataillons et de.	4400 hommes.
L'artillerie à cheval de quatre escadrons de deux compagnies.	890
Il y faudra joindre en outre cinq compagnies de bombardiers.	550
Pour l'état-major et le parc d'artillerie.	400
Cinq compagnies d'ouvriers..	550
Total des hommes de cette arme. . .	6790

Le service de cette arme doit se faire par compagnie. Chacune d'elles servira une batterie de quatre canons et un obusier ou mortier léger.

Le genre de guerre qu'il me paraît nécessaire d'adopter, et dont je parlerai par la suite, exigera aussi un corps assez nombreux de sapeurs et de mineurs avec un plus grand nombre d'officiers de génie de tous grades que dans les autres corps, parce que ces officiers auront à diriger non seulement leurs propres soldats, mais encore ceux des autres corps que les circonstances obligeront à s'occuper des mêmes travaux. Les sapeurs et les mineurs formeront deux bataillons de cinq compagnies, et on y joindra cent ingénieurs de tout grade, ce qui donnera un total de 1,200 hommes.

Enfin l'état-major général de l'armée, les ingénieurs géographes, la prévôté, quatre compagnies de guides formeront encore un total de 900 hommes : ce qui donnera pour l'armée permanente, sur le pied de guerre, 55,490 hommes.

TROISIÈME SECTION.

DE LA MILICE NATIONALE ET DE SON ORGANISATION.

La révolution française, qui a été la source de tant de maux, parce que ceux qui s'en sont emparés ont tout outré, a du moins laissé sur ses traces des principes et des exemples qui survivront, et parmi ces principes et ces exemples il en est deux qu'elle a renouvelés avec autant d'héroïsme et de gloire qu'en avaient montré les anciens. C'est le devoir pour tous les citoyens de contribuer, de tous leurs efforts, à la défense de la patrie. Les peuples des Deux-Siciles manifestent en ce moment un enthousiasme trop ardent pour qu'on puisse douter de leur détermination de défendre leurs institutions, les droits de leurs princes et l'indépendance nationale. Il faut profiter de cet enthousiasme, non pas pour en obtenir de ces immenses sacrifices qui l'épuisent et finissent par tout perdre, mais pour le régulariser, le modifier et le diriger de manière à le rendre plus actif et plus fort. Tous les hommes de tous les pays sont braves et capables de grandes choses, mais il faut que les chefs des nations sachent les diriger. Les défauts des peuples sont toujours ceux de leurs institutions et de leurs maîtres : quand ces institutions s'écroulent de vétusté, quand les peuples entrent pour ainsi dire dans un nouvel ordre social, il faut que des hommes dignes des circonstances soient placés à la tête de la marche et la combinent avec résolution, mais avec prudence.

Les gouvernemens constitutionnels sont les gouvernemens des nations ; il est par conséquent tout naturel que les nations sentent le besoin de les défendre. Les 500,000 Napolitains capables de porter les armes ne balanceraient pas à les prendre s'ils y étaient appelés par leurs princes ; mais cet appel général serait dangereux pour la cause même que l'on voudrait défendre : ce n'est qu'à la dernière extrémité qu'on doit faire usage de toutes ses ressources, et lorsque les moyens déjà employés ont été insuffisans.

Les gouvernemens doivent sans doute prévoir les cas où leurs peuples doivent tous s'occuper de la résistance à opposer à un ennemi puissant, et c'est pour cela qu'ils doivent veiller à ce que tout homme capable de porter les armes soit armé et placé sous des chefs qui exercent une espèce d'autorité militaire et qui, en cas de besoin, le puissent appeler sous leurs ordres. Mais la différence des âges et des états en amène nécessairement une autre dans le service auquel tous les citoyens armés sont assujettis. Cette masse de citoyens armés, c'est la milice qui se divise en plusieurs classes.

La classe la plus nombreuse, c'est celle des pères de famille, des hommes de trente-cinq à cinquante-cinq ans, de ceux dont les fonctions les obligent à rester dans leurs foyers, et qui n'en peuvent être arrachés sans un grand détriment pour eux et pour l'état. Cette classe de la milice, appelée sédentaire, est essentiellement destinée à un service civil, et ne doit point être sortie du canton de la résidence des hommes qui la composent, et qui même ne peuvent être obligés à ce service que lorsqu'un service plus important et plus urgent occupe l'autre classe de la milice, que nous appellerons milice disponible.

Cette classe de la milice se composera de tous les hommes de dix-huit à trente-cinq ans qui n'auront pas été appelés dans les rangs de l'armée, et dont la force physique sera reconnue suffisante pour supporter les fatigues auxquelles ils pourront être appelés. Après avoir établi tous les cas d'exemption, le nombre d'hommes restant recevra l'organisation militaire suivante :

Un certain nombre de communes réunies en cantons fourniront une compagnie, et douze de ces compagnies formeront un bataillon. Les compagnies seront, comme celles de l'armée, de 109 hommes, y compris les officiers, sous-officiers et tambours. Quand tous les hommes destinés à former le bataillon seront réunis, on en tirera les plus robustes, les plus lestes et les plus habiles au tir, en nombre suffisant pour en former deux compagnies, qui en temps de guerre seront détachées de leurs bataillons pour faire, avec les troupes légères de la ligne et à la manière des guérillas de l'Espagne, le service d'avant-garde de l'armée. Le reste du bataillon sera alors organisé en huit compagnies du centre, une de grenadiers et une de chasseurs. Les compagnies détachées ou de guérillas seront réunies en cohortes de cinq compagnies.

La population du royaume de Naples peut fournir cinquante bataillons de milice disponible, et la Sicile vingt-cinq, ce qui donnera soixante-quinze bataillons de douze compagnies;

et, lorsque la séparation des guérillas aura été faite, on aura

75 Bataillons de 10 compagnies, avec l'état-major, environ	82,000
30 Cohortes de 5 compagnies, *id.*	16,500
Total de la milice nationale disponible.	98,500

Il est urgent de s'occuper de l'organisation de l'armement et de l'exercice de cette milice, qui doit faire la principale force de l'état, auquel elle ne coûtera rien en temps de paix, et qui, si elle est bien conduite en temps de guerre, en abrégera la durée, et par conséquent le temps des sacrifices du trésor; mais, même en temps de paix, le gouvernement des Deux-Siciles doit bien se garder de négliger cette institution milicienne, car indépendamment que c'est dans son sein que doit se faire le recrutement de l'armée, et que cette milice habituée aux manœuvres militaires procurerait des soldats déjà presque tout formés, il me paraît évident que la guerre dont le royaume de Naples est menacée ne sera point la dernière qu'il aura à supporter contre l'Autriche. L'ambition et le machiavélisme du cabinet de Vienne méditent depuis long-temps l'asservissement de toute cette belle péninsule, et le gouvernement des Deux-Siciles doit se bien persuader qu'il n'y aura de sécurité pour lui que lorsque l'Autrichien ne possédera plus rien en Italie.

QUATRIÈME SECTION.

DE LA MARINE DU ROYAUME DES DEUX-SICILES.

La guerre contre l'Autriche ne doit point dépendre des opérations maritimes que peut entreprendre l'une ou l'autre des deux puissances belligérantes. L'Autriche est dans l'impuissance de rien entreprendre par mer. Venise entre ses mains a perdu son activité et ses flottes. C'est là le propre du despotisme; il dessèche, engourdit, étouffe tout; mais quoique le gouvernement napolitain n'ait rien à redouter de ce côté, il ne doit pas pour cela négliger des ressources qui peuvent faciliter son triomphe et atteindre sévèrement son ennemi.

C'est pour cela que je regarde comme indispensable de s'occuper avec activité de la réorganisation de la marine. Il faut porter à 12,000 le nombre des matelots; à 6,000 le nombre des artilleurs maritimes, et à 2,000 celui des fusiliers. Ces vingt mille hommes, nécessaires dans la guerre qui va éclater, pourront être réduits de moitié à la paix, excepté cependant l'artillerie, qui doit être constamment maintenue au grand complet, et être exercée sans cesse aux manœuvres. On ne peut trop s'appesantir sur l'importance de cette arme, qu'on ne peut négliger sans s'exposer aux plus grands dangers. On peut, en temps de paix, licencier la moitié, les deux tiers et même plus des troupes de ligne : quelques semaines suffisent pour rendre des recrues propres au maniement des armes et aux évolutions strictement nécessaires dans les manœuvres faites en présence de l'ennemi, et un quart de vieux soldats placés dans les rangs suffisent pour soutenir et animer le courage de leurs jeunes camarades. Il faut plus de soin et de réserve dans les réformes à opérer dans la cavalerie, parce qu'il faut instruire et exercer les chevaux et les hommes. Cependant on peut, sans beaucoup d'inconvéniens, porter les réformes dans cette arme à la moitié; mais il n'en est pas de même de l'artillerie; et, dans le système militaire que peut adopter le gouvernement des Deux-Siciles, il doit nécessairement y faire entrer un corps d'artillerie nombreux, tant pour les forces de terre que pour celles de mer, et qui sera constamment, même pendant la paix, entretenu au grand complet, et exercé à toutes les manœuvres.

Je n'ai pas de détails assez exacts sur le nombre des bâtimens que l'amirauté napolitaine a dans ses ports et qu'elle peut mettre en mer. Je ne parlerai donc que légèrement des opérations maritimes. Sans doute Naples aurait besoin d'une flotte : mais on n'improvise pas des vaisseaux, et l'exemple de l'Espagne prouve qu'on est dupe de les acheter. Au reste, en quelque petit nombre que soient ceux du gouvernement des Deux-Siciles, il suffira pour le service qu'il peut en attendre.

Récapitulons maintenant les forces du royaume en temps de guerre :

Armée.	55,490 hommes.
Milices disponibles.	98,500
Gendarmerie à pied et à cheval. . .	2,000
Marine	20,000
Total.	175,990

Ces forces sont bien suffisantes pour repousser une invasion qui ne peut se faire que par une seule frontière et avec cent mille hommes au plus, et pour assurer l'ordre et la tranquillité de l'intérieur. Elles ne peuvent être onéreuses à l'état que dans les temps où le besoin de la conservation nationale impose la nécessité des grands sacrifices. Mais ces temps sont passagers. Quand les peuples ont du courage et de la modération, la paix y met un terme. Alors les milices nationales cessent d'être à la charge du trésor, et l'armée ainsi que la marine, réduites de moitié, ne demandent plus aux finances de l'état que la solde de 30 à 35 mille hommes, ce qui ne peut être onéreux pour le royaume des Deux-Siciles.

SECONDE PARTIE.

PREMIÈRE SECTION.

DE LA DISTRIBUTION DES TROUPES DES DEUX-SICILES.

Les forces militaires de terre ont été portées à 155,990 hommes. C'est de cette masse d'hommes, que la guerre prochaine doit trouver tout organisés et réunis sous les drapeaux, que seront formés les différens corps d'armée qui doivent servir à la défense du pays et au maintien de l'ordre dans l'intérieur. Les opérations militaires et le service des places sont les deux objets auxquels il faut pourvoir dès à présent.

Les opérations militaires de l'ennemi ne peuvent avoir lieu, comme nous l'avons déjà dit, que sur la frontière septentrionale du royaume de Naples, depuis l'embouchure du Tronto, à l'orient, jusqu'au golfe de Gaëte, à l'occident. C'est donc sur toute cette ligne sinueuse, coupée de hautes montagnes, de vallées profondes, dans sa plus grande longueur, et qu'on ne peut pénétrer qu'avec la plus grande difficulté, qu'il faut placer la plus grande partie des troupes, en en proportionnant le nombre à la nature des lieux et aux avantages et inconvéniens qu'ils peuvent présenter.

La chaîne des Apennins, qui s'étend du nord de l'Italie à l'extrémité sud au bout de la Calabre, partage naturellement le royaume de Naples en deux parties, et par conséquent sa défensive en deux branches, celle de l'est, faisant face à l'Adriatique, et celle de l'ouest à la Méditerranée. La défensive de l'ouest n'est pas, comme celle de l'est, favorisée par la nature; et comme en outre elle est d'une immense importance, parce qu'elle est plus rapprochée de la capitale, qu'il faut défendre à tout prix, c'est de ce côté qu'il faut réunir les plus grands moyens de résistance, les forces les plus considérables; car il évident que c'est là que les Autrichiens feront l'attaque principale, parce qu'il y aurait, de leur part, plus que de la témérité à vouloir pénétrer dans les Abruzzes, où de faibles détachemens, composés d'hommes du pays, résisteraient avec avantage à des corps nombreux, en intercepteraient facilement les communications et les convois, et les forceraient, presque sans combat, à une fuite honteuse, avec grande perte.

Sans doute l'armée autrichienne est bien organisée, bien disciplinée, bien aguerrie; mais ces avantages deviennent presque nuls pour des troupes envahissantes, dont la marche est toujours lente et embarrassée, parce qu'elles sont obligées de porter avec elles toutes leurs provisions, dans un pays qui en est dépourvu, et où, à chaque pas, elles peuvent rencontrer les fourches caudines : tandis que des troupes, même nouvellement organisées, connaissant parfaitement le pays, secondées par leurs compatriotes, animées par le patriotisme et la liberté, tirent même de leur irrégularité des avantages incalculables.

La Terre de Labour, offrant une entrée plus facile, sera exposée aux principaux efforts des Autrichiens, et parce que ses vastes plaines leur permettront de développer leurs masses, et parce que leur but étant d'arriver rapidement à Naples, ils chercheront la route la plus courte et la plus aisée. Cette disposition topographique servira donc de base à la distribution de l'armée, dont on formera deux corps séparés, en faisant d'avance les arrangemens nécessaires pour que ces corps se renforcent mutuellement en cas de besoin, et même se réunissent en entier si les circonstances l'exigent. Le premier de ces corps s'appellera l'armée de l'Ouest, et l'autre l'armée de l'Est.

L'armée de l'Ouest sera composée de :

			hommes.
Infanterie.	9 régimens de ligne.	19,800	
	24 batail. de milices nationales.	26,400	60,500
	18 cohortes de guérillas	9,900	
	2 régimens d'infanterie légère.	4,400	
Cavalerie.	maison du roi (pour mémoire).		
	6 régimens de cuirassiers. . . .	2,680	
	2 — de lanciers.	892	4,464
	1 — de dragons.	446	
	2 escad. de gendarm. à cheval.	446	
Artillerie et Génie.	4 bataillons d'artillerie à pied.	2,200	
	2 escadrons — à cheval . .	446	
	Parc d'artillerie, 2 compagnies de bombardiers, 2 d'ouvriers, 3 de sapeurs et 2 de mineurs, avec l'état-major.	1,200	3,846

L'armée de l'Est sera composée de :

Infanterie.	3 régimens de ligne.......... 6,600 16 batail. de milices nationales. 17,600 1 régiment d'infanterie légère. 2,200 12 cohortes de guérillas...... 6,600	}	33,000
Cavalerie.	2 régimens de hussards....... 892 1 — de lanciers...... 446 1 — de dragons...... 446 2 escad. de gendarmerie à cheval. 446	}	2,230
Artillerie et Génie.	2 bataillons d'artillerie à pied.. 1,100 2 escadrons — à cheval. 446 Parc d'artillerie, état-major, 2 compagnies de sapeurs, 1 de mineurs, 2 d'ouvriers, 1 de bombardiers............. 800	}	2,346

Total des forces de l'armée de l'Est... 37,576
Le total de l'armée de l'Ouest est de.. 68,810

Total général de l'armée de défense. 106,386

Le reste des forces militaires du royaume des Deux-Siciles qui ne font pas partie de l'armée de défense de l'Est ou de l'Ouest sera destiné, sous le nom de division sédentaire de l'armée, à tenir garnison dans les places, ports et golfes, le long des côtes orientales et occidentales du royaume, et sera aidé dans ce service par les compagnies de milices urbaines, chacune dans son district respectif.

Cette division sédentaire se compose de

3 régim. ou 6 batail. d'infant. de ligne.	6,600	
35 bataillons de milices nationales. . .	38,500	
2 — d'artillerie à pied.	1,100	
2 compagnies de bombardiers.	218	46,745
1 compagnie d'ouvriers.	109	
2 — de mineurs	218	

A quoi on joindra la gendarmerie qui n'est pas employée à l'armée de défense. Ces troupes de la division sédentaire fourniront d'abord aux garnisons de la Sicile :

2 régimens d'infanterie de ligne. . . .	4,400	hommes.
1 bataillon d'artillerie à pied.	550	
15 — de milices nationales. . . .	16,500	21,886
2 compagnies de gendarmerie à cheval.	218	
2 — de gendarmerie à pied. .	218	

Le reste sera sur-le-champ distribué dans les différentes places à garrisonner.

Le premier poste à garder par une garnison fixe est Pescara, sur la mer Adriatique. Viennent ensuite les îles Trémiti, station d'une petite escadre de cinq à six bâtimens constamment armés, chargés de veiller sur le golfe de Venise, ensuite Manfredonia. On placera un bataillon de milices nationales dans chacun de ces lieux, qu'il faut se hâter de mettre en état de défense.

Otrante et Castro doivent être garrisonnées chacune par un bataillon de milices nationales. Gallipoli est un point naval d'une immense importance : Nelson le regardait comme le Gibraltar du royaume de Naples ; il doit être occupé par un bataillon d'infantérie de ligne, un bataillon d'infanterie nationale et une nombreuse artillerie de marine.

Tarente, chef-lieu de la défense de la côte adriatique, aura un bataillon de ligne et un bataillon de milices, deux compagnies d'artillerie à pied, une compagnie de bombardiers et une de mineurs. Rossano, Squillace, Bona, Reggio auront chacune pour garnison un bataillon national. Sur les côtes de la Méditerranée, Golfo-di-Gioia, Golfo-di-San-Euphemia, Amantea, Golfo-di-Policastro, Golfo-di-Salerno, auront aussi chacune une garnison d'un bataillon de milices nationales, et l'artillerie de ces places sera fournie et servie par des compagnies d'artilleurs de la marine. Il est urgent de s'occuper des réparations nécessaires à la défense de toutes ces places, et de les faire faire par les troupes des garnisons, auxquelles on accorderait un supplément de paie aux frais des provinces où elles sont situées.

Le service de la garnison de Naples sera fait par les quatre bataillons de milices nationales restant, conjointement avec le reste de la gendarmerie, et on y placera 3 compagnies d'artillerie à pied, une de bombardiers, et une de mineurs. Telle est la distribution de l'armée qui me paraît la plus avantageuse. On suivra le même système pour les forces de la Sicile.

SECONDE SECTION.

FORMATION DES DIFFÉRENS CORPS DE L'ARMÉE DE DÉFENSE.

Les troupes des deux corps d'armée de l'Est et de l'Ouest seront organisées en brigades et en divisions. Pour les troupes d'infanterie de ligne et des milices nationales, les brigades seront formées de deux régimens, et les divisions de deux brigades.

Les brigades de l'infanterie légère et des guérillas étant destinées au service de l'avant-garde, à des manœuvres irrégulières, doivent avoir une composition différente. C'est pour cela que d'abord les guérillas ont été organisées en cohortes de cinq compagnies, au lieu de l'être en bataillons de dix. Ces corps, destinés à agir toujours en petit nombre et séparés du corps de l'armée, doivent trouver, dans leur propre organisation, des moyens de réunion et de division que la nature de leur service les oblige constamment à exécuter. Leurs opérations consistent à se porter rapidement en flanc, en front, ou en queue de l'armée d'invasion, soit pour intercepter les communications entre les différentes divisions qui la composent, soit pour enlever ses détachemens et ses convois; en un mot pour la harasser, l'affamer, retarder sa marche, la circonscrire et l'isoler.

Il est donc à désirer que les bataillons d'infanterie légère de l'armée se subdivisent en deux pour avoir une organisation conforme à celle des guérillas dont ils doivent partager le service. Ces trois régimens formeront alors douze cohortes. Les mouvemens de ces troupes légères doivent avoir pour premier mérite la rapidité, et ensuite le secret. C'est dans cette intention qu'on n'a composé les cohortes que de cinq compagnies; mais il arrivera souvent que ces troupes devront se réunir en forces considérables, pour des expéditions sur des corps détachés de l'ennemi, et, par conséquent, il faut qu'elles trouvent dans leur organisation un moyen naturel d'union et de force. Les brigades de l'infanterie légère et des guérillas seront donc composées de six cohortes chacune, ce qui les mettra à même de présenter des masses, suivant que les circonstances exigeront qu'elles se réunissent.

L'importance de la guerre que va soutenir la nation napolitaine exige de son gouvernement et des hommes appelés sous les drapeaux, l'adoption de tous les moyens, et même des innovations qui paraissent propres à conduire au succès. Comme de l'organisation et du service de l'avant-garde dépendra, en grande partie, le succès de la campagne, il faut s'en occuper très-particulièrement. L'armement de ces corps doit subir une addition qui est indispensable, surtout si on se borne à une guerre défensive. L'avant-garde, qui, dans ce cas, est l'arrière-garde, ne doit pas se borner à arrêter par les armes la marche de l'ennemi. Elle doit entraver cette marche en gâtant tous les chemins par lesquels cette armée doit pénétrer, en remuant les terres; quelquefois saisir les avantages d'une position et s'y fortifier, etc., etc. Enfin, il faut donner à ces corps légers une solidité qui leur permette de rester en ligne, lorsque les événemens de la guerre les auront réunis en présence d'un ennemi nombreux.

Des cinq compagnies dont se compose chaque cohorte, la première sera armée d'une pique de

7 pieds, croisée en fer à hauteur de mire, pour appuyer la carabine qu'ils porteront en bandoulière, et de deux pistolets. Les quatre autres compagnies seront armées d'un fusil à baïonnette, et d'un pic ou pioche pour remuer la terre, ou de pelles, ou de haches, en distribuant ces outils avec proportion dans chaque compagnie. Il ne faut pas s'arrêter aux observations que l'on pourra faire sur ce mode d'armement, susceptible peut-être de plaisanteries, mais bien plus susceptible de résultats avantageux. C'est sans doute charger ces troupes légères d'un nouveau poids, mais les soldats y verront un moyen de faciliter leur défense, et bientôt l'habitude de s'en servir leur en fera connaître l'utilité.

A chacune des brigades de guérillas seront attachées une compagnie d'artillerie à cheval manœuvrant 5 pièces de 8 et de 4, une compagnie d'artillerie à pied manœuvrant 5 pièces de 4 et de 2, et une compagnie de lanciers. J'ai parlé, dans la seconde section de la première partie, de la nécessité d'avoir un corps nombreux d'officiers du génie, parce que les travaux de défense que les guérillas auront à exécuter exigent qu'un de ces officiers soit attaché à chaque cohorte, pour diriger les travailleurs, sous la direction d'un officier supérieur qui résidera près du général de la brigade.

Il sera évident, quand je parlerai de la défensive, que l'organisation et l'armement des guérillas répondent au but qu'on se propose. Il suffit, en outre, de montrer l'ordre de bataille de chacune des cohortes, pour convaincre les moins crédules de la solidité que cet armement peut donner à ces corps. Cet ordre de bataille offrira en tête la compagie de piqueurs sur deux rangs, ce qui donnera un front de 50 hommes, et les autres compagnies placées derrière, de manière que chacune des cohortes présente à l'ennemi une petite colonne de 50 hommes de front sur 10 de profondeur. La brigade réunie offrirait six de ces colonnes compactes, qui sont dans le cas de combattre en ligne l'infanterie la plus régulière, et même de repousser la cavalerie, étant d'ailleurs soutenues par dix pièces d'artillerie.

Chacune des cohortes ne pourra être divisée, et dans toutes ses marches, dans tous ses mouvemens sera précédée d'une de ses compagnies qui fera le service d'éclaireurs, service dans lequel cette compagnie sera relevée par une autre aussi fréquemment que les circonstances le permettront. La compagnie des piquiers seule ne partagera pas ce service. Chaque homme doit, en campagne, être muni de 50 cartouches, et aura en outre, dans un des caissons de l'artillerie de la brigade, cent autres cartouches en réserve

La compagnie de lanciers est destinée au service d'éclaireurs de toute la brigade réunie, ou à accompagner et servir de garde à l'artillerie et au général de cette brigade, quand le corps est dispersé sur différens points; enfin, à établir les communications entre les différentes cohortes, et pour cela, il y aura toujours auprès de chacune un brigadier et quatre hommes. Mais comme la garde de l'artillerie de la brigade est un objet de la plus grande importance, chacune des compagnies de guérillas, excepté celles des piquiers, détachera pour la garde des batteries une escouade de 8 hommes avec un caporal. Ces escouades se renouvelleront de manière à ce que toutes acquièrent, par ce service, quelque connaissance et quelque pratique de cette arme. Dans les guerres ordinaires, chacun a son rôle, son devoir; mais, dans celle qui se prépare, il faut, autant que cela n'entraîne pas de désordre, *que tous fassent tout.*

L'uniforme de ces corps doit être très-simple, l'économie en fait un devoir : qu'on leur donne une veste brune avec un manteau de la même couleur, et que la couleur des collets et des paremens distinguent les brigades. Au lieu de tambours, chaque compagnie aura deux cors armés de deux pistolets et d'un sabre.

Les cuirassiers sont le seul corps de cavalerie qui sera embrigadé. Les brigades seront, comme pour les troupes de ligne, de deux régimens. Si les circonstances exigent la réunion de plusieurs brigades de ce corps, leur mise en division ne peut être que momantanée. Ce n'est pas la cavalerie qui décidera du sort de la guerre. Ces corps ont une organisation suffisamment bonne pour le service auquel ils seront appelés. Ce qui m'a paru le plus important, ce qui doit être décisif, c'est le service des troupes légères ; et comme ce service et l'organisation de corps qui y soient propres sont peu connus du gouvernement napolitain, j'ai cru devoir m'en occuper beaucoup, et entrer dans tous les développemens.

TROISIÈME SECTION.

DISTRIBUTION ET POSITION DES TROUPES SUR LA FRONTIÈRE SEPTENTRIONALE.

ARMÉE DE L'OUEST.

L'avant-garde de cette armée, composée de 26 cohortes de guérillas et d'infanterie légère qu'on y aura assimilée, sera cantonnée depuis Gaëte jusqu'à Sora, le long de l'extrême frontière, dans les villages en avant de Gaëte et de Fundi, jusqu'aux bords du Garillano. Ces deux dernières places doivent être, sans perte de temps, mises en état de défense, et pourvues chacune d'une garnison de deux bataillons et de l'artillerie nécessaire. Il faut tenir, dans le port de Gaëte, une flottille aussi forte que possible, pour rendre cette défensive plus imposante. Une brigade de l'armée doit être cantonnée entre Rocca-Secca et Ponte-Corvo, et occuper Pico, où passe le grand chemin de Fundi à Capoue, par Ponte-Corvo.

Ponte-Corvo et Capoue seront mises en état de défense, et garrisonnées par deux bataillons chacune. Deux autres brigades de l'armée seront cantonnées entre Rocca-Secca et Sora, en passant par Arpino, dans les villages et bourgs jusqu'à l'extrême frontière.

Le reste de cette armée sera cantonné par brigades le long du Voltaggio, afin de couvrir Naples. Le quartier-général de cette armée doit être établi à Capoue, des télégraphes doivent être construits pour assurer la rapidité des communications sur toute la ligne et sur toute la frontière des Abruzzes, de sorte que l'on puisse sans délai porter des forces considérables sur les points menacés.

ARMÉE DE L'EST.

Les 16 cohortes de guérillas et d'infanterie légère qui forment l'avant-garde de cette armée seront cantonnées sur l'extrême frontière, surtout vis-à-vis des huit grandes routes qui pénètrent des états du pape dans les Abruzzes. De ces 16 cohortes, quatre seront à l'extrémité gauche de la frontière, afin de tenir aux deux cohortes de l'armée de l'Ouest qui formeront ensemble une brigade et qui se porteront à l'avant-garde de l'armée de l'Ouest ou de l'armée de l'Est, suivant que les événemens de la guerre l'exigeront, et d'après l'ordre du général de l'avant-garde qui établira son quartier-général à Citta-Ducale.

Le général de l'armée de l'Est fera ensuite cantonner ou camper, en avant du lac de Cellano, le corps de son armée de ligne, c'est-à-dire deux divisions. Le régiment de ligne qui ne sera pas embrigadé sera formé en corps de réserve, et placé dans Aquila pour se porter en avant, selon le besoin, en dedans ou au dehors des frontières. Les quatre bataillons nationaux qui resteront disponibles seront envoyés en garnison dans les places ou forts entre le Tronto et la Pescara. Ces places doivent être immédiatement pourvues d'artillerie, de munitions et de subsistances.

Les points les plus importans à fortifier sur la frontière que doit défendre l'armée de l'Est sont Monte-Securo, à l'embouchure du Tronto, qu'il faut rétablir solidement, et y placer un bataillon, San-Benedetto, Atri, Pescara, Chieti, Citta-Ducale, le fort San-Pietro, Aquila et Cellano, ou même un autre point choisi en avant du lac et plus près de la frontière. La défensive de toute cette partie est organisée par la nature; mais l'aspérité de ce pays, qui doit environner de dangers l'ennemi qui y pénétrerait, peut aussi présenter quelques obstacles à l'armée chargée de le défendre, par la difficulté des marches et des transports. Si cette difficulté obligeait à ouvrir des routes militaires, il faut le faire avec bien des précautions, jamais en ligne directe, mais toujours en ligne presque parallèle avec la frontière.

Telles sont les positions que doivent prendre les deux armées, en attendant le signal des hostilités. Mais cette attente ne doit pas être consacrée à l'oisiveté. Il faut au contraire mettre à profit tous les délais qu'on obtiendra de la politique, pour préparer une résistance plus acharnée, et par suite un triomphe honorable. Il faut que partout, sur toute cette ligne qui court de l'Adriatique à la Méditerranée, toutes les troupes s'exercent au maniement des armes, au tir du fusil et du canon, aux marches, aux évolutions militaires, à des attaques et à des défenses simulées. Il faut leur offrir des encouragemens, les amener à ne regarder ces exercices que comme des amusemens; entretenir, exalter s'il est possible, et par tous les moyens dont les gouvernemens nationaux peuvent seuls disposer, l'enthousiasme qu'inspirent la patrie et la liberté. Enfin il faut, dès aujourd'hui, accoutumer les soldats aux ouvrages de fortifications, leur faire préparer des positions, tracer des retranchemens, couper et détruire toutes les routes qui ne sont pas absolument indispensables aux troupes napolitaines, ne laisser que celles où l'on peut facilement tendre des piéges à l'ennemi, le resserrer, l'environner et le détruire; mais c'est l'objet de la troisième partie.

TROISIÈME PARTIE.

PREMIÈRE SECTION.

PRÉLIMINAIRES DES HOSTILITÉS.

Le gouvernement des Deux-Siciles, en usant de toutes ces ressources pour organiser un système de défense redoutable, en appelant sous les drapeaux des forces aussi considérables, et en les disposant le long de sa frontière septentrionale, et toutes prêtes à combattre toute invasion, éloignera peut-être le danger dont il est menacé. Quelque grand intérêt que la Sainte-Alliance ait à détruire la liberté napolitaine, quelque désir que l'Autriche ait d'étouffer cette voisine inquiétante, le cabinet de Vienne, qui doit être sur la première ligne d'attaque, qui, peut-être, sera obligé d'entreprendre seul cette guerre, réfléchira, avant de tenter l'entreprise, sur le résultat dont le menaceront des armemens aussi considérables et l'enthousiasme de toute la nation. Ce cabinet s'arrêtera alors, soit involontairement, soit pour chercher des moyens de conciliation, et obtenir, par le machiavélisme de sa diplomatie, des modifications à l'ordre de choses existant, afin d'arriver ensuite plus facilement à sa destruction, sans tenter le sort incertain des armes.

Le prince vicaire-général et toute la nation napolitaine sauront sans doute repousser ces attaques diplomatiques, avec autant de zèle qu'ils en auront mis à préparer leur résistance à la force des armes. L'Autriche alors sera obligée de solliciter la coopération de ses alliées, la Russie et la Prusse, ou bien d'abandonner son projet d'attaque. Quant au premier parti, l'Autriche a trop de répugnance à voir en Italie d'autres étrangers que ses propres soldats, pour y introduire des Prussiens et des Russes. Si la haine de la liberté l'emportait sur cette répugnance, et la décidait à agir en coalition, il est plus que probable que les autres puissances de l'Europe ne verraient pas avec indifférence la réunion de trois puissances colossales contre le royaume de Naples; que la Grande-Bretagne interviendrait, et entraînerait dans cette intervention la France, qui ne doit voir qu'avec inquiétude les prétentions de ces grandes puissances.

Pour assurer le succès de cette intervention fortifiée par celle de l'Espagne, le gouvernement de Naples doit, par l'activité de ses dispositions militaires, annoncer sa détermination de se défendre, même seul et sans aucun secours étranger. La faiblesse des nations, comme celle des individus, ne fait que rendre plus exigeante l'avidité de leurs adversaires; mais qu'elles montrent du caractère et de la force, et les autres ou se mettront de leur côté, ou ne penseront pas à les attaquer.

Quoi qu'il en soit, le gouvernement napolitain sera instruit assez à temps (puisqu'il sera prêt sur tous les points) des résultats du congrès de Troppau, soit par les intimations de la cour de Vienne, soit par l'approche des troupes de l'Allemagne, leur marche vers le Pô, et autres mouvemens qui annonceront les hostilités. La première mesure que doit prendre le cabinet de Naples, immédiatement après l'organisation et la distribution de son armée sur toute la ligne de la frontière, c'est d'envoyer à Milan, aussi bien que dans toutes les capitales des états italiens, une déclaration formelle annonçant que, du jour que l'armée impériale franchira sa frontière, pour passer le Pô et pénétrer dans les états du pape, ou même dans la Toscane, il regardera la guerre comme commencée, et agira en conséquence. Le cabinet napolitain doit nécessairement conserver pour Sa Sainteté tous les égards qui lui sont dus comme chef de l'Église, mais cela ne doit pas empêcher de lui signifier que toute relation pacifique avec son gouvernement et les états romains cessera du jour où l'armée autrichienne y sera entrée. On ajoutera que, le cas échéant, cette signification équivaudra à une déclaration de guerre, et que, sans nulle autre explication, on procédera à des hostilités.

L'Autriche, en attaquant les libertés constitutionnelles du royaume des Deux-Sciles, impose à ce gouvernement l'obligation, pour sa défense personnelle, d'attaquer le despotisme de l'Autriche en Italie. Le ministère napolitain ne fera qu'user de la loi du *talion*, dès le premier mouvement hostile des Allemands, en couvrant toute l'Italie du manifeste de la liberté. Il exposera aux peuples les motifs d'une invasion criminelle, cherchera à réveiller en eux l'amour de l'indépendance et la haine des barbares nouveaux qui pèsent sur la terre classique du génie et des arts. Il dira à chacun d'eux ce qui peut produire l'impression la plus vive. Aux Vénitiens, aux Milanais, aux Toscans, on offrira paix, amitié et efforts communs, pour résister à l'oppression et en briser à jamais le joug. A la Sardaigne, on peut lui montrer le danger auquel l'exposerait l'accroissement de puissance de l'Autriche, et la nécessité de se réunir pour empêcher de nouveaux envahissemens de la part d'une cour avide, qui veut asservir toute l'Italie au système gothique qui a été anéanti en Allemagne.

Ces proclamations, cet appel à tous les Italiens, soutenus par le courage des Napolitains, ne manqueront pas de produire un grand effet, dans un pays où les familles principales, privées de toute autorité, et réduites à sentir plus vivement l'humiliation des lois étrangères, ne laisseront pas échapper cette occasion de reconquérir leurs droits en même temps que ceux de leur pays. La guerre dont Naples est menacée peut ainsi devenir une guerre nationale, une grande guerre italienne. Il est facile d'y diriger les peuples que toujours l'oppression révolte. C'est ainsi que toute l'Allemagne se souleva contre la domination de Bonaparte, et entraîna ses masses armées jusqu'au cœur de la France. Les rois qui, oubliant des leçons encore si récentes, méditent des expéditions tout aussi injustes, tout aussi ambitieuses, méritent d'éprouver les mêmes désastres; et loin que le gouvernement napolitain ait besoin d'excuse, en remuant les masses italiennes contre des maîtres étrangers, il manquerait à ses premiers devoirs envers son pays, envers la patrie commune, l'Italie, s'il négligeait de le faire. Ainsi donc, en même temps que les troupes du royaume des Deux-Siciles, en attendant la marche des Autrichiens, s'exerceront dans l'art militaire, et offriront au reste de l'Italie un grand exemple, celui de la détermination d'être libres, des moyens secrets seront adoptés pour engager les autres peuples italiens à imiter cet exemple. Ce sont là les préliminaires des hostilités qui doivent faire retomber tout le mal de la guerre sur ceux qui l'ont méditée.

Il y a cependant un écueil à éviter. Des villes ou des provinces pourraient, en se révoltant contre leurs maîtres étrangers, réclamer de faire partie du royaume de Naples afin de jouir des bienfaits de sa constitution. Le gouvernement napolitain ne pourrait accéder à ces demandes sans s'exposer au reproche de vouloir s'agrandir, et sans inspirer des inquiétudes aux princes du pays. Il faut donc, dans ce cas, refuser en disant que le sort de l'Italie ne peut pas être décidé par le gouvernement napolitain seul; que le premier soin c'est de résister à l'invasion, ensuite de chasser l'ennemi de tout le territoire italien : qu'alors, libre et débarrassée des étrangers, l'Italie s'organisera, et que Naples contribuera de tous ses moyens à cette organisation, de manière à la rendre juste et stable. Les Italiens, trompés par les promesses d'indépendance que tour à tour les étrangers leur ont faites, ont dû contracter une défiance légitime; mais les nouvelles promesses viendront de leurs compatriotes : il y a unité d'intérêt, et ils y croiront.

SECONDE SECTION.

COMMENCEMENT DES HOSTILITÉS.

Aussitôt que les troupes autrichiennes auront passé le Pô, le gouvernement napolitain doit, suivant la teneur des déclarations adressées aux différentes cours italiennes, commencer brusquement les hostilités, en portant hors de son territoire une partie de son armée, c'est-à-dire toutes les troupes légères, et en faisant avancer le reste sur l'extrême frontière, afin de soutenir et d'appuyer les mouvemens de l'avant-garde. Il est possible que le cabinet autrichien, usant de sa ruse accoutumée, proteste de ses intentions pacifiques, et, dissimulant ses véritables desseins, annonce publiquement que l'entrée de ses troupes sur les terres de l'Église et dans la Toscane, n'a pour but que de garantir ces états de la manie des constitutions et d'en assurer la tranquillité; mais il faut bien se garder de se laisser arrêter par ces prétextes diplomatiques, ou par les accusations que le mouvement des armées napolitaines pourra susciter contre le gouvernement. La marche des Autrichiens aura assez annoncé que l'état de guerre existe, et justifiera pleinement des opérations militaires qui, quoique offensives en apparence, sont strictement défensives.

Ainsi, dès que le premier mouvement des troupes autrichiennes sera avéré, il faut, avant qu'ils aient eu le temps de gagner Rome, que la première brigade de l'avant-garde de l'armée de l'Ouest, soutenue par une division de cette armée, se jette brusquement sur Terracine et s'en empare. Après ce coup de main, on emploiera la brigade de l'avant-garde à couper entièrement les chaussées de la voie Appienne, de manière à les rendre absolument impraticables. Ce travail ne peut être ni long ni difficile. Pendant que cette brigade l'exécutera, le général commandant l'expédition fera fortifier le mieux possible Terracine, et y laissera, en se retirant, une garnison assez nombreuse avec une artillerie suffisante.

Si les Autrichiens, retardés, comme on peut le présumer, par la lenteur ordinaire de leurs opérations, lui en laissent le temps, le général, avant de se retirer, fera aussi occuper par un bataillon de ligne, une cohorte de guérillas, une compagnie d'artillerie, un officier supérieur du génie, et un détachement de sapeurs, mineurs et ouvriers, le village de Santa-Felicita, sur le mont Circello, où d'abord ils se retrancheront le plus vite et le mieux possible, travaillant ensuite à en faire une citadelle régulière, qui, à la paix, doit rester au royaume de Naples, ainsi que Terracine, Bénévent et Ponte-Corvo.

Ces expéditions sont indispensables pour la défensive de la Terre de Labour : leur succès est indubitable si le secret est bien gardé jusqu'au moment de l'exécution. Ce projet d'ailleurs n'exige aucuns préparatifs ostensibles, et le succès peut faire cesser la guerre dès son début, en faisant échouer le plan de campagne avant qu'il soit entamé. L'occupation de Terracine surtout me paraît tellement importante que si, contre toute attente et contre leur habitude, les Autrichiens, prévoyant cette tentative, faisaient avancer rapidement un corps d'avant-garde pour s'emparer de la place, avant que les troupes napolitaines l'eussent tenté, il ne faudrait pas balancer à attaquer l'ennemi dans ce poste où il ne pourra ni manœuvrer ni se déployer, où sa cavalerie lui sera inutile et ne fera qu'accroître ses embarras pour sa retraite, sur les chaussées, à travers les marais Pontins. En outre, le corps ennemi, poussé ainsi en avant, ne sera pas soutenu par le reste de l'armée en échelons, ne s'attendant même pas à une attaque aussi imprévue de la part des troupes d'une nation que les Autrichiens regardent comme bien inférieure à eux dans l'art de la guerre. Il suffira toujours, pour cette entreprise, d'une brigade d'infanterie de ligne, une de milices nationales, avec deux compagnies d'artillerie qui appuieront la brigade de guérillas. C'est même plus qu'il n'en faut pour surprendre et détruire le corps autrichien jeté dans la place. Mais en cas de mauvais succès, l'ennemi ne sera pas assez fort pour s'occuper d'une poursuite. La retraite sur Fundi est sûre et facile, on doit alors, en la faisant, abîmer le chemin pour détruire toute communication entre les deux places. Ce fait de guerre se réduit à une escarmouche, il n'en résulte guère d'inconvéniens et, au contraire, il habitue les troupes au feu, et mettra les chefs à même de réparer les fautes que l'inexpérience aura pu faire commettre.

Le même jour que se fera l'attaque de Terracine, la deuxième brigade de guérillas, partant de Pico, se portera rapidement sur Frosinone et même plus près de Rome, si les Autrichiens sont encore au-delà de cette ville. Elle enlevera tous les magasins de subsistances ou de munitions de guerre qui auraient été faits dans les lieux de son passage pour l'armée autrichienne, ou si ces magasins n'ont pas encore été faits, les grains et les bestiaux qui pourraient sustenter l'ennemi. Le général de brigade commandant cette expédition, en entrant dans toute ville romaine, assurera, par une proclamation, qu'il ne vient point comme ennemi; que tout ce que sa troupe consommera ou enlevera sera payé par son gouvernement, après la retraite des Autrichiens, et suivant les procès-verbaux faits par des experts, et certifiés par le commissaire napolitain et les magistrats du lieu. Il engagera en outre les habitans à s'armer secrètement, non pas pour s'opposer à la marche des Autrichiens, mais pour être prêts, dès les premiers événemens qui leur seraient désavantageux, à tomber sur leurs derrières, à embarrasser leur retraite et à leur faire expier l'injustice et la témérité de leur entreprise. La brigade, après cette expédition, rentrera dans ses cantonnemens et renverra fidèlement les chevaux et les voitures employés pour le transport des objets enlevés, aux villes et aux communes qui les auront fournis.

Une troisième brigade de guérillas partira de Rocca-Secca, en suivant la rive gauche du Garillan pour arriver à Frosinone, en même temps que la seconde, pour assurer le succès de cette expédition, en étendre les effets et en escorter les convois. Deux brigades de l'armée doivent le même jour se réunir à Ponte-Corvo avec de la cavalerie et de l'artillerie, afin de pouvoir se porter en avant rapidement, dans le cas où ces brigades seraient suivies de près et inquiétées par l'ennemi.

La quatrième brigade partira aussi le même jour de Sora, se dirigera sur Palestina et de là sur Rivoli, si les Autrichiens n'y sont pas encore, et suivra dans toute sa route le même système que les autres.

Ces expéditions simultanées, projetées avec secret et prudence, et exécutées avec audace et promptitude, ne doivent pas durer plus de huit jours, et alors les brigades doivent toutes retourner dans leurs cantonnemens respectifs, et s'y occuper des travaux qui doivent rendre plus difficile la marche de l'ennemi et faciliter la défense du pays. Il doit être particulièrement enjoint aux généraux de brigades, à leur départ pour ces coups de main, de ne livrer aucun combat aux troupes autrichiennes, de faire constamment la retraite à leur approche, excepté pour l'attaque de Terracine, pourvu que le corps autrichien qui s'en serait emparé ne fût pas trop considérable, et ne fût pas appuyé par d'autres corps ennemis. Dans le cas où la marche des Autrichiens serait tellement rapide, qu'il y aurait lieu de croire qu'ils dussent arriver les premiers aux places vers lesquelles les brigades doivent être dirigées, il faudrait renoncer au projet de contre-invasion, et profiter du temps qu'on aura pour pousser avec la plus grande activité les travaux dont je parlerai tout à l'heure.

L'ennemi, en voyant les troupes napolitaines se retirer devant lui, ira droit à son but qui est de s'emparer de Naples, et plein de confiance, à cause de ce qu'il regardera comme des succès, il se précipitera vers la frontière avec témérité, dans l'intention de s'y frayer un passage, ou peut-être dans l'espoir qu'on le lui abandonnera. C'est là que doit commencer véritablement la guerre, et il ne dépend que des Napolitains de triompher.

TROISIÈME SECTION.

DÉFENSE DE LA FRONTIÈRE OUEST.

Il est possible et même il est facile d'empêcher l'armée autrichienne de pénétrer dans le royaume. La route que naturellement l'ennemi choisira, c'est celle qui l'introduira dans la Terre de Labour, où la nature du sol offrirait les plus grandes facilités pour toutes ses opérations militaires, et d'où il se dirigerait sans obstacles sur Naples. Cette route est celle qui va de Terracine à Fundi, et de là à Ponte-Corvo; mais il en existe trois autres moins directes et moins belles qui conduisent dans la Terre de Labour, et qui favoriseraient la marche de l'ennemi en plusieurs colonnes. Celle de Frosinone le long de la rive droite du Garillan et qui s'embranche à Pico avec celle de Terracine. Celle de Frosinone à Rocca-Secca par la rive gauche du Garillan, enfin celle de Veroli par Arsola sur Sora.

Soit que les coups de main dont j'ai parlé s'exécutent ou non, les brigades qui en auront été ou qui en auraient dû être chargées, s'occuperont sans relâche, à leur retour de cette expédition ou au lieu de l'entreprendre, de la destruction complète de toutes ces routes. Tous les ponts seront minés, toutes les barques de toute espèce seront enlevées ou brûlées, et dans tous les lieux favorables on occupera l'armée à faire des retranchemens de manière à pouvoir y arrêter l'ennemi.

Au moment où l'ennemi approchera de la frontière, toute l'armée de l'Ouest doit sur-le-champ quitter ses cantonnemens pour se rapprocher elle-même de sa frontière et établir une première ligne de défense le long du Garillan. Elle ne laissera dans ses premiers cantonnemens, sur la rive gauche du Voltaggio, dont elle doit faire sa seconde ligne de défense, qu'un corps de réserve composé de deux régimens de ligne, huit bataillons de milices nationales, deux régimens de cuirassiers et la cavalerie de la maison du roi, avec le grand parc d'artillerie. Cette réserve sera constamment employée à faire, avec la population disponible, tous les travaux de défense que la nature du terrain suggérera, de manière que l'armée, soit qu'elle éprouve un échec, soit en suivant un système de retraite, s'y puisse rallier ou se concentrer.

La première brigade de guérillas restera en

avant de la gauche de l'armée, de manière à se trouver constamment à la hauteur de la première colonne ennemie, et à pouvoir se réunir facilement au corps de l'armée. Les trois autres brigades seront sur la droite, mais plus éloignées du corps d'armée, à l'exception de la seconde, qui gardera la même distance que la première. Les deux autres se porteront plus à droite en avant, sur le versant occidental des Abruzzes et à l'extrême frontière, en sorte cependant qu'elles conservent toujours leurs communications avec l'armée et avec l'avant-garde de l'armée de l'Est. C'est avec ces deux brigades que doit être le général de l'avant-garde à qui il faut laisser une assez grande latitude d'opération, et le droit de réunir sous ses ordres, pour les expéditions qu'il jugerait nécessaire d'entreprendre, la première brigade de l'armée de l'Est, ce qui lui donnant la disposition de neuf mille neuf cents hommes, le met à même, non-seulement d'inquiéter, d'intercepter les colonnes ennemies, mais même de les attaquer avec un grand avantage. Le choix de ce général est d'une immense importance : de lui peut-être dépend le sort de Naples et de l'Italie.

Le corps d'armée principal qui se sera avancé pour arrêter l'ennemi avec les deux brigades de guérillas de gauche et de droite, sera de près de quarante-cinq mille hommes. C'est plus sans doute que les Autrichiens n'en présenteront sur un même point; obligés comme ils seront d'avoir un grand nombre de troupes placées en échelons, depuis Terracine jusqu'aux rives du Pô, pour assurer leurs convois et contenir les peuples; forcés de placer un corps d'observation de vingt mille hommes au moins en face de l'armée de l'Est, et enfin ayant à surveiller les brigades de l'avant-garde.

Mais le général en chef de l'armée napolitaine, qui sera sans doute le digne prince qui s'est rendu l'interprète des vœux et le premier défenseur des droits de son pays, ne doit pas souffrir que l'avantage du nombre excite la présomption de ses soldats et les entraîne à une action générale. Le sort des batailles est trop incertain, et souvent même trop indépendant des meilleures dispositions, pour qu'il y risque l'honneur de son nom et l'indépendance de sa patrie. Quand bien même l'infériorité de ses troupes, sous le rapport de la discipline et des habitudes militaires, ne lui ferait pas une loi d'éviter les actions générales, il le devrait encore, parce que le véritable art militaire ne consiste pas tant à repousser un ennemi en gagnant une bataille, qu'à le forcer à la retraite sans lui fournir l'occasion de se battre.

La guerre à faire avec le plus de succès, c'est une guerre de positions, une guerre de chicane, ralentir la marche de l'ennemi, en l'inquiétant sur tous les points; le forcer à partager ses forces, n'entamer que des actions partielles et toujours dans des lieux avantageux à la défense; faire une retraite plutôt que de se laisser entraîner à une bataille; mais faire cette retraite en ordre, et en s'arrêtant pour escarmoucher, à chacun des postes qu'on aura préparés d'avance. Voilà le système qu'il faut suivre et qui offre l'avantage d'exercer les troupes, de les habituer au feu, de les familiariser avec les dangers en ne les exposant pas à des pertes considérables.

Les dispositions faites sur les bords du Garillan, dont la défense est assez facile, et une armée de 40 à 45,000 hommes, feront réfléchir les envahisseurs avant de se décider à pénétrer de ce côté, où les forces les plus considérables auront été réunies, et à tenter le passage d'un fleuve en présence d'une armée. Peut-être chercheront-ils à pénétrer par le versant occidental des Abruzzes, ou même par d'autres passes de cette frontière, défendue par l'armée de l'Est ; c'est ce qui pourrait arriver de plus heureux, et ce serait un grand succès obtenu par de simples mouvemens de troupes, que de forcer l'ennemi à abandonner l'attaque de la terre de labour. Il ne faut cependant pas y compter : mais je parlerai de ce cas dans la section prochaine.

Si l'ennemi, décidé à s'avancer, obtenait quelques avantages dans les combats partiels qu'il sera nécessairement forcé de livrer, il faut, à moins qu'on ne le puisse faire avec un succès certain, ne lui disputer que faiblement le passage du Garillan ; se hâter de mettre des garnisons nombreuses, avec des officiers déterminés, dans les places dont on devra s'éloigner par la retraite. On mettra un bataillon de ligne et deux de milices nationales à Rocca-Secca, ainsi qu'à Ponte-Corvo, et deux bataillons de milices nationales dans les villes de Fundi, Verola et Sora. L'armée napolitaine retrouvera au camp de réserve, qu'elle aura laissé dans sa seconde ligne de défense, les douze bataillons qu'elle aura employés en garnisons ; l'armée autrichienne sera obligée de faire le siége de ces places, et alors perdra du temps, et courra même des dangers, parce qu'elle aura auprès des places une armée égale qui soutiendra le courage des assiégés et profitera de tous les avantages que présentent les événemens d'un siége, pour faire éprouver des pertes à l'ennemi ; ou bien, les Autrichiens se contenteront de laisser, autour de ces places, des corps d'observation, pour en former le blocus. Mais la formation de ces corps d'observation affaiblira l'armée envahissante, qui continuera sa marche, d'un nombre d'hommes égal ou même supérieur d'un tiers à celui des garnisons : c'est-à-dire que l'armée autrichienne arrivera sur la seconde ligne de défense avec dix-huit bataillons de moins, tandis que l'armée napolitaine s'y retrouvera au complet.

Mais dans ce mouvement rétrograde de l'armée napolitaine, il ne suffira pas de garrisonner les places indiquées, il faudra encore que le général en chef ne garde avec lui que la première brigade de guérillas, renvoie la seconde au général de l'avant-garde, en lui disant de prendre le commandement de toutes les brigades, excepté de la septième, qu'il laissera au général de l'armée de l'Est. Avec les cinq brigades sous ses ordres, montant à près de 18,000 hommes d'infanterie légère, de cavalerie et d'artillerie, le général de l'avant-garde sera abandonné à lui-même, avec l'ordre général de veiller sur les places investies, de harceler, attaquer, détruire les corps d'observation, ravitailler les villes, y conduire les convois de l'ennemi dont il s'emparera, d'inquiéter constamment les derrières des Autrichiens, tantôt sur un point, tantôt sur un autre; de ne jamais rien tenter qu'avec des forces supérieures, d'attirer l'ennemi à lui et de se retirer toujours vers les montagnes des Abruzzes quand il sera suivi; enfin d'exécuter tous ces mouvemens brusques et imprévus qui, dirigés avec une méthode cachée sous une irrégularité apparente, doivent évidemment déranger le plan d'attaque d'une armée qui se verra environnée de tous côtés.

Le général de l'avant-garde devra, jour par jour, rendre compte au général en chef et au général de l'armée de l'Est, des opérations qu'il aura faites; de celles qu'il méditera, de l'état des villes investies, et généralement de tout ce dont il aura connaissance. Il sera tenu de se rendre aux ordres que le général en chef lui donnera, dans le cas où cet ordre, donné en conseil de guerre et signé des deux tiers des membres, porterait que le rapprochement de l'avant-garde avec le reste de l'armée est indispensable.

Aussitôt qu'il sera constaté que la masse des forces ennemies se porte vers la Terre de Labour, c'est-à-dire lorsque la ligne du Garillan aura été dépassée, et qu'on n'aura pas à craindre d'attaque considérable du côté de l'est, le général de cette armée renverra à l'avant-garde la brigade de guérillas qu'il aura conservée, garrisonnera dans les places frontières les plus importantes une partie de ses troupes, qu'il remettra sous le commandement du général de l'avant-garde, et lui-même, avec le reste, composé de deux régimens de ligne, huit bataillons de milices nationales, deux régimens de hussards, un régiment de dragons, la gendarmerie à cheval, son artillerie à pied et son parc, se hâtera de se porter sur les derrières de la seconde ligne de défense, entre le Voltaggio et Naples, de manière à former une nouvelle réserve de l'armée dont il conservera le commandement.

Si l'armée est forcée d'abandonner cette seconde ligne, ce qui ne me paraît pas du tout probable, d'après les mesures qui auront été prises en suivant ce plan, elle emploiera encore douze bataillons à garrisonner les places dont elle sera obligée de s'éloigner, et tandis qu'elle retrouvera ces douze bataillons à sa réserve, les Autrichiens seront de nouveau obligés ou d'entreprendre des siéges et par conséquent de s'arrêter, ou de s'affaiblir, en dispersant sur différens points des corps d'observation, que, dans ses promenades, l'avant-garde napolitaine portée à 21,000 hommes ira molester et peut-être anéantir les uns après les autres, pour ensuite venir en masse sur les derrières de l'armée principale, tandis que 50,000 hommes lui défendront d'avancer davantage.

Telle est, je ne balance pas à le dire, la position dans laquelle, avec du courage et de la prudence, on peut placer les envahisseurs. On ferait alors payer cher à l'Autriche les coupables desseins qu'elle a osé tramer pour l'asservissement de l'Italie. Ses troupes affaiblies, n'osant pas attaquer une armée supérieure en nombre et aguerrie depuis le commencement des hostilités, ayant sur leurs derrières 21,000 guérillas, et les garnisons de Capoue, Gaëte, etc., etc., ne pourraient, sans une témérité qui serait bien punie, aller en avant; à peine elles pourraient reculer, et cependant ce serait leur seule ressource. Dans cette retraite par des chemins abîmés, à travers des villes ennemies bien garrisonnées, elles seraient précédées par ces mêmes guérillas, et suivies par toute l'armée napolitaine augmentée sans cesse par les garnisons des places débloquées; et cette armée d'invasion n'échapperait à la destruction que par une fuite honteuse à travers l'Italie, qui dès lors, ne craignant plus ces légions vaincues, commencerait à se venger, par l'établissement de la liberté.

Ce résultat de la marche constante des Autrichiens vers Naples serait aussi celui du système qu'ils adopteraient, d'un côté, de prendre toutes les villes importantes, ce qu'ils devraient faire en présence d'une armée nombreuse, et, de l'autre, de poursuivre les guérillas jusque sur la cîme des Apennins, dans des lieux inconnus et par des chemins impraticables pour eux. Ce système de guerre la ferait traîner en longueur. Les fatigues, les maladies, sous un ciel brûlant, autant que des combats continuels, et des poursuites plus dangereuses encore, ruineraient rapidement cette armée, sur les frontières mêmes, tandis que la liberté acquerrait chaque jour plus de force par l'efficacité de la résistance, se consoliderait à Naples, et annoncerait aux peuples de l'Italie qu'il ne tient qu'à eux de jouir de ses bienfaits.

Je me suis étendu beaucoup sur la défensive de cette partie du royaume, parce que d'abord elle est la plus importante; qu'il est probable que c'est de ce côté que l'attaque principale, et la seule qui mérite quelque attention, sera faite, et ensuite, parce que la nature du terrain et la connaissance des lieux m'ont permis d'entrer dans des développemens. Il n'en sera pas de même de la section prochaine, où je me bornerai à quelques traits généraux.

QUATRIÈME SECTION.

DÉFENSE DE LA FRONTIÈRE DE L'EST.

Le premier soin du général de l'armée de l'Est doit être de détruire, de manière à les rendre impassables, toutes les routes qui pénètrent de l'Italie dans les Abruzzes. La première est une route de montagnes, très-dangereuse, débouchant de Terni par Cantaro, 2° celle de Viterbe à Carsoli, 3° celle de Rieti à Forte-San-Pietro, 4° celle de Rieti à Citta-Ducale, 5° celle de Piè-di-Lago à Leonessa, 6° celle de Norcia et Cascia à Amatrice, 7° celle de Pescara à San-Benedetto, 8° enfin, le grand chemin de Marano, le long du littoral de l'Adriatique, traversant le Tronto sous Monte-Securo, et continuant jusqu'à la Pescara et au port de ce nom.

De toutes ces routes, la plus importante est celle de Rieti à Citta-Ducale, parce qu'elle est moins montueuse, et que Citta-Ducale, grande place absolument frontière, sera nécessairement le but des attaques de toute armée qui tentera de pénétrer dans les Abruzzes. Citta-Ducale deviendrait la place d'armes de l'ennemi, lui servirait de point de départ, d'appui et de ralliement. Il est donc indispensable d'en rendre l'approche très-difficile, impossible si on le peut, et ensuite de la bien approvisionner et y placer une garnison d'au moins trois bataillons.

Si l'ennemi attaque le royaume par la Terre de Labour, le général de l'armée de l'Est, comme je l'ai dit dans la section précédente, doit, dans le cas où les envahisseurs marcheraient vers la seconde ligne de défense, distribuer une partie de son armée en garnisons dans les places frontières où aboutissent les routes ci-dessus nommées, et, avec le reste, ira former la seconde réserve de l'armée de l'Ouest. Il doit en outre, avant son départ, tirer de tous les bataillons qu'il placera dans les villes, les compagnies de grenadiers et de chasseurs, pour en former un corps d'observation nécessaire pour arrêter les attaques partielles et les diversions que l'ennemi voudrait tenter. Ce corps d'observation, commandé par un général soumis aux ordres du général de l'avant-garde, ayant deux compagnies d'artillerie avec des pièces de 4, et deux compagnies de cavalerie, aura l'ordre de se reployer constamment devant l'ennemi qu'il cherchera à attirer dans des défilés, dans des lieux difficiles, où les guérillas arrivant tout à coup, d'après les communications constantes avec le général de l'avant-garde, pourront les attaquer avec avantage, les forcer à se rendre, ou les anéantir.

Mais, si l'ennemi ne dirigeait pas son attaque principale vers la Terre de Labour; s'il avait la témérité de vouloir pénétrer par les Abruzzes, avec la plus grande partie de ses forces, le général de l'armée de l'Est, après avoir détruit toutes les routes (destruction qui dans tous les cas est indispensable), commencerait par garrisonner toutes les places où ces routes aboutissent, et avec le reste de son armée prendrait des positions sur les points par lesquels l'ennemi voudrait exécuter son passage. Il ne livrerait que des affaires d'avant-postes avec ses deux brigades de guérillas, se retirant toujours vers l'est, avec ordre, et de manière à obliger l'ennemi à le suivre; suivre lui-même l'ennemi, si celui-ci ne le faisait pas et cherchait à redescendre vers Naples par le versant occidental de l'Apennin.

Dans ce cas, l'armée de l'Ouest ferait un

changement de front, et se placerait en cantonnement au pied de ces montagnes, et le général de l'avant-garde, avec cinq brigades de guérillas, entrerait dans les Abruzzes, longeant constamment la droite de l'ennemi, tandis que le général de l'armée de l'Est le flanquerait à gauche, de manière que si l'ennemi s'avançait sur le corps d'armée de l'Est, les guérillas marchassent sur ses derrières, et *vice versa*. Dans toute cette guerre à l'est, la nature du terrain indiquera aux généraux, mieux que je ne pourrais le faire, la conduite qu'ils doivent tenir. Ce à quoi je bornerai mes recommandations, c'est d'éviter les batailles, de se retirer devant l'ennemi de position en position, de le suivre de même, en n'ayant jamais de prise qu'avec ses détachemens avancés ou son arrière-garde.

La victoire est assurée aux Napolitains s'ils parviennent à établir le théâtre de la guerre dans ces provinces, où l'armée autrichienne n'aura aucune ressource, où tous ses mouvemens trouveront des obstacles dans la topographie autant que dans le courage des habitans. La victoire leur est assurée encore si la défensive de l'ouest est conduite d'après le plan indiqué, avec courage et en même temps avec prudence. Ce qu'il faut aux Autrichiens, c'est aller vite et arriver à Naples. Une grande bataille leur serait avantageuse, car leur armée, plus aguerrie et mieux disciplinée, aurait le dessus, et les armées napolitaines, nouvellement levées, se disperseraient après une défaite, et laisseraient tous les chemins ouverts à l'ennemi qui serait maître du pays. Ce qu'il faut aux Napolitains, c'est arrêter l'impétuosité de l'invasion, ne rien risquer, conserver leurs forces, les augmenter en aguerrissant leurs soldats, traîner la guerre en longueur deux mois seulement, et l'Autriche sera obligée de renoncer honteusement à sa coupable entreprise, ou bien ses troupes seront exterminées dans les contrées qu'elles pensaient conquérir.

J'ai déjà dit plus haut que cette prolongation de la guerre, par la valeureuse résistance des Napolitains, détruirait dans toute l'Italie l'idée de la puissance autrichienne, encouragerait les peuples à briser le joug sous lequel ils gémissent, et à rendre enfin son indépendance à toute cette belle péninsule. Le gouvernement napolitain ne doit pas perdre de vue ces observations, ni négliger aucun des moyens de les réaliser. Lorsque l'invasion sera entamée, il faudra faire circuler dans toute l'Italie le récit des opérations militaires, et préparer tous les habitans à accompagner la retraite des ennemis.

L'Autriche n'ayant point de marine, et aucune des puissances qui pourraient se déclarer ses auxiliaires n'ayant de forces navales suffisantes pour faire craindre une expédition sur les côtes de Naples, la marine napolitaine sera employée à favoriser les opérations de l'armée de terre, à croiser dans la Méditerranée et l'Adriatique, pour s'emparer des bâtimens marchands autrichiens ou des convois qu'on voudrait faire arriver par mer.

Si cette marine était suffisante pour en former deux petites escadres, le gouvernement napolitain a deux entreprises à tenter. Leur succès dépend entièrement de l'obstination de la résistance sur le sol napolitain. Une de ces escadres, et ce serait la plus forte, se porterait dans le golfe de Venise, où elle exciterait les Vénitiens à prendre les armes pour recouvrer leur liberté, tandis que les dominateurs de l'Italie sont enfoncés et retenus dans l'extrémité de la péninsule.

L'autre se rendrait dans le golfe de Gênes, et engagerait les Génois à rester unis avec le royaume de Sardaigne, toujours en paix avec Naples, mais à réclamer des lois constitutionnelles; et ensuite une alliance offensive et défensive du gouvernement sarde avec Naples, pour l'expulsion entière des étrangers. Je ne fais qu'indiquer ces deux tentatives, dont on peut tirer un parti décisif.

Telle est, selon moi, la manière dont le gouvernement napolitain doit organiser ses forces militaires, pour repousser l'invasion dont il est menacé. Tels sont les moyens les plus propres à employer pour triompher dans cette lutte du despotisme contre la liberté, lutte qui sera la dernière, et qui changera la face du monde, si les Napolitains, fidèles à leur brave prince et à leurs sermens, sont décidés à périr plutôt que de perdre leurs droits et leurs lois.

NOTE.

On peut faire des objections au Mémoire militaire que j'ai l'honneur de présenter; et comme j'en sens toute la force, je crois devoir y répondre brièvement.

1° L'armée n'est pas organisée suivant le système proposé, et ne présente pas le nombre d'hommes exigé pour les opérations indiquées.

Ma réponse est que dans les dangers qui menacent toute une nation, tous les citoyens doivent prendre les armes; que la population napolitaine capable de porter les armes est quadruple du nombre des citoyens qui, d'après mon système, sont appelés dans les rangs de l'armée; enfin qu'en entretenant l'enthousiasme national, on réunira facilement, non pas seulement 160 mille soldats, mais même plus, si on en avait besoin.

2° La dépense énorme que causera l'entretien de pareilles forces militaires.

L'indépendance du pays vaut bien plus encore que toutes les sommes qu'on pourrait dépenser; mais d'ailleurs il faut considérer que plus les dépenses sont grandes, plus elles seront de peu de durée. Une armée de 60,000 hommes coûterait moins sans doute; mais quel que soit le courage de ses soldats, peuvent-ils occuper tous les lieux? peuvent-ils faire autant que 120 mille combattans? et à la longue les 60,000 hommes ne peuvent-ils pas causer plus de dépense?

3° On n'a pas le temps de donner à l'armée l'organisation proposée.

Depuis 1792, on donne à de braves gens un fusil et un sabre, et des habits quand on en a; et avec quelques bons officiers ils s'organisent d'eux-mêmes. Sans doute ces gens-là s'alignent mal et sont détestables à la revue et à la parade, mais cela ne les empêche pas de se battre très-bien. Les plus belles troupes de l'Europe, les mieux tenues, les mieux exercées, les plus aguerries, au nombre de 100 mille, ont fui de la Champagne devant des recrues; mais quelles recrues! Il faut à une armée un bon sentiment bien plus qu'une belle organisation : celle-ci vient toujours d'elle-même à la suite du premier.

4° Le plan de contre-invasion par des guérillas est inexécutable. Ces guérillas n'existent pas.

L'exécution de cette contre-invasion est indispensable, et il faut la faire avec les premières troupes qu'on aura, et surtout avec de la cavalerie : quant aux guérillas, ils se feront. C'est un métier qui s'apprend aisément, surtout dans des pays de montagnes; et je ne doute pas que par la suite, ces guérillas ne soient la partie la plus solide et la plus avantageuse du système militaire que le gouvernement napolitain adoptera, après s'être, par leur moyen, délivré de la guerre présente.

Je le répète en terminant, dans les circonstances où se trouve le royaume des Deux-Siciles, il faut les plus grands efforts. Aucune objection ne doit prévaloir contre la nécessité d'employer toutes les ressources. Du courage et de la persévérance, et le succès est certain. Et les Napolitains pourraient-ils en manquer, quand le prince vicaire-général en donne l'exemple, pour maintenir l'honneur de sa couronne et les libertés de son peuple?

FIN DU PREMIER VOLUME.

TABLE DES MATIÈRES

DU PREMIER VOLUME.

Préface. 1
COUP D'OEIL POLITIQUE sur *l'Europe au mois de décembre* 1819. 59
RÉFLEXIONS *sur la révolution espagnole.* Avril 1820. 175
MÉMOIRE MILITAIRE *sur le royaume des Deux-Siciles*: Novembre 1820. 247
Note. 250

PREMIÈRE PARTIE.

SECTION Ire. De la force numérique de l'armée. . 265

SECTION II. Composition de l'armée; ses différentes armes; son organisation en temps de guerre. . . . 270

SECTION III. De la milice nationale et de son organisation. 275

SECTION IV. De la marine du royaume des Deux-Siciles. 281

SECONDE PARTIE.

SECTION I. De la distribution des troupes des Deux-Siciles. 285

SECTION II. Formation des différens corps de l'armée de défense. 293

SECTION III. Distribution et position des troupes sur la frontière septentrionale. 300

TROISIÈME PARTIE.

SECTION I. Préliminaires des hostilités. 305

SECTION II. Commencement des hostilités. 312

SECTION III. Défense de la frontière ouest. 319

SECTION IV. Défense de la frontière de l'est. . . . 331

Note. 338

FIN DE LA TABLE DU PREMIER VOLUME.

www.ingramcontent.com/pod-product-compliance
Lightning Source LLC
Chambersburg PA
CBHW060512170426
43199CB00011B/1424